CQ놀이북
조선왕조실록

초판 1쇄 발행 2018년 4월 5일
초판 7쇄 발행 2024년 11월 30일

글 오홍선이
그림 에스더
펴낸이 구모니카
디자인 양선애
마케팅 신진섭
펴낸곳 M&K
등록 제7-292호 2005년 1월 13일
주소 경기도 고양시 일산서구 고양대로 255번길 45, 903동 1503호(대화동, 대화마을)
전화 02-323-4610
팩스 0303-3130-4610
E-mail sjs4948@hanmail.net
bolg blog.daum.net/mnk
ISBN 979-11-87153-16-0 73900

※ 값은 뒤표지에 있습니다. 잘못된 책은 바꾸어 드립니다.

이 도서의 국립중앙도서관 출판예정도서목록(CIP)은 서지정보유통지원시스템 홈페이지(http://seoji.nl.go.kr)와 국가자료공동목록시스템(http://www.nl.go.kr/kolisnet)에서 이용하실 수 있습니다.(CIP제어번호: CIP2018008893)

작가의 말

어린 시절 '태정태세문단세~' 하며 조선 왕의 계보를 외웠던 기억이 나요. 열심히 외웠지만 아는 왕이라고는 세종이나 영조, 정조, 고종 등 유명한 몇몇 왕이 전부였지요.

조선 왕조는 518년이나 이어졌어요. 조선 왕조처럼 한 나라의 왕조가 500년 이상 지속된 나라는 세계에서도 찾기 힘들어요. 그리고 조선의 왕에 대한 모든 것이 조선왕조실록에 기록되어 있어요. 조선왕조실록은 25대 472년간의 역사가 888권이라는 어마어마한 분량에 담겨 있어요. 조선왕조실록은 1997년 유네스코 세계 기록 유산에 등재되었답니다. 사실 조선 왕조는 27대 순종까지예요. 그런데 고종 때의 고종실록과 순종 때의 순종실록은 조선왕조실록에는 포함되지 않아요. 우리나라가 일본에 강제로 주권을 빼앗긴 일제 강점기에 일본이 주도해서 썼기 때문에 틀린 내용이 많거든요.

흔히 역사는 되풀이된다고 말해요. 그래서 옛날 왕들도 이전 시대에 일어났던 일들을 기록하려고 했어요. 그래야 과거의 역사를 통해 배울 수 있거

  든요. 조선 시대에도 삼국 시대나 고려 시대의 역사를 정리해서 책으로 펴냈지요.

  〈조선왕조실록 – 한국사를 배우기 전에 읽는 조선 왕 이야기〉는 조선을 세운 태조부터 조선이 멸망을 맞은 순종까지 조선의 모든 왕 이야기가 담겨 있어요. 왕위에 오르고 자리에서 물러나기까지의 흐름을 재미있는 그림과 함께 한 권으로 살펴볼 수 있지요. 왕위 계승 과정, 조선 시대의 대표적인 사건들과 왕과 시대를 함께한 신하들의 이야기를 통해 조선 역사를 쉽게 접할 수 있도록 했답니다. 책을 읽고 가족이나 친구들과 조선 왕 퀴즈 대결을 해도 좋아요. 그럼 한국사를 배우기 전에 조선의 왕 이야기를 알아보러 갈까요?

오홍선이

차례

1대	태조	새 나라를 조선이라 하라!	12
2대	정종	허수아비 왕이 되다!	18
3대	태종	조선 왕조의 기틀을 세우다!	24
4대	세종	백성을 아끼고 살핀 왕	30
5대	문종	아버지의 뒤를 이은 성군	36
6대	단종	유배지에서 죽은 비운의 왕	42
7대	세조	조카의 자리를 빼앗다!	48
8대	예종	왕의 힘을 키우다!	54
9대	성종	조선 왕조의 체제를 완성한 왕	60
10대	연산군	최악의 폭군으로 불린 왕	66
11대	중종	신하들이 세운 왕	72
12대	인종	여덟 달 동안 왕이 되다!	78
13대	명종	혼란에 빠진 나라의 왕	84
14대	선조	임진왜란이 일어나다!	90

15대	광해군	탁월한 외교 정책을 펴다!	96
16대	인조	청나라에 굴욕을 겪은 왕	102
17대	효종	북벌 정책을 펴다!	108
18대	현종	예송 논쟁이 시작되다!	114
19대	숙종	강한 왕권을 세우다!	120
20대	경종	이리저리 휘둘린 허약한 왕	126
21대	영조	백성이 있어야 왕이 있다!	132
22대	정조	서민 문화가 꽃피다!	138
23대	순조	세도 정치가 시작되다!	144
24대	헌종	외척 세력에 휘둘린 왕	150
25대	철종	하루아침에 평민에서 왕이 되다!	156
26대	고종	기울어 가는 나라의 힘없는 왕	162
27대	순종	일본에 나라를 빼앗기다!	168

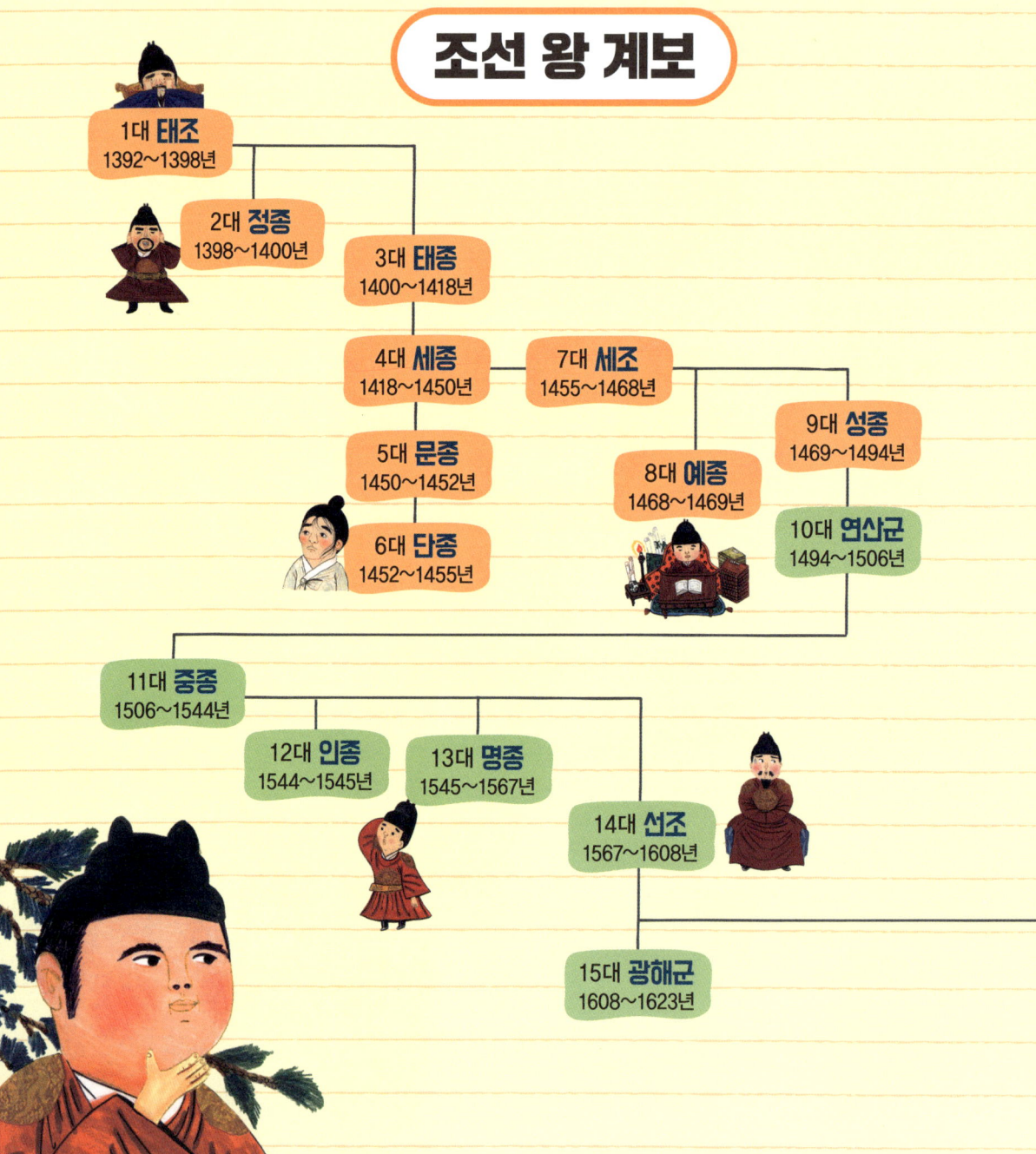

1대 태조

새 나라를 조선이라 하라!

이름 이성계 **연도** 1335~1408년 **재위 기간** 1392~1398년

군대를 궁으로 돌려라!

고려 시대에 나라 안팎으로 혼란할 때였어.
무예가 뛰어난 이성계는 전쟁에서 승리하고 수많은 부하를 이끌었는데,
전쟁터로 가던 중에 군사를 돌려 왕이 있는 궁으로 향했어.
이성계는 왕을 몰아내고 새로운 나라 '조선'을 세웠지.
한양을 새 도읍지로 삼고 유교를 중시하는 정책을 폈어.
법과 세금 제도도 정리해 조선은 튼튼한 나라로 자리 잡아 갔지.

그런데 태조의 뒤를 이을 세자를 정할 때가 되었어.
태조의 아들들은 서로 세자가 되고 싶어 했어.
막내아들 이방석이 세자가 되자 다섯째 아들 이방원은 화가 나서
왕위 다툼을 하던 형제들과 태조를 따르던 정도전을 죽여 버렸지.
태조는 충성스러운 신하와 두 아들을 잃고 고향으로 내려가 버렸어.
이방원의 권유에 못 이겨 태조는 다시 한양으로 돌아왔지만
창덕궁에서 조용히 지내다가 세상을 떠났단다.

이성계는 왜 군대를 돌렸을까요?

이성계는 고려 우왕의 명령으로 중국 요동의 전쟁터로 가던 중 위화도에서 군대를 돌렸어요. 위화도는 한반도 북쪽 압록강에 있는 섬이에요. 이성계는 작은 나라가 큰 나라를 쳐서는 안 되며, 농사일이 바쁜 여름철에 군사를 동원하면 안 된다는 등의 이유를 들며 군대를 철수하려고 했어요. 하지만 우왕이 허락하지 않자 군대를 돌려 궁으로 가 왕을 몰아냈지요. 이 사건을 '위화도 회군'이라고 불러요.

이거, 함흥차사구먼!

심부름을 보냈더니 돌아오지 않거나 늦게 왔을 때 "함흥차사다."라고 말해요. 태조 이성계는 왕위를 물려주고 고향인 함흥에서 머물렀어요. 이방원은 아버지 이성계를 모셔 오려고 차사를 여러 번 보냈어요. '차사'는 왕이 중요한 임무를 주어서 보낸 벼슬아치를 가리키지요. 이성계는 이방원이 보낸 차사를 죽이거나 잡아 가두었어요. 그래서 함흥에 보냈지만 돌아오지 않는 차사를 '함흥차사'라고 해요.

생각이 달랐던 두 신하
정도전과 정몽주

왕과 시대를 함께한 사람들

정도전은 이성계를 도와 조선을 세운 신하로
조선이 세워진 뒤에도 과감한 개혁 정치를 이끌었지요.
그런데 또 다른 신하로 정몽주가 있었어요.
이성계와 정몽주는 오랫동안 우정을 나눈 사이였지요.
이성계가 고려를 무너뜨리려고 하자 정몽주는 끝내 반대했어요.
하지만 이성계는 정몽주의 능력을 높게 평가했기 때문에
설득해서 자기편으로 만들고 싶었어요.
그런데 아들 이방원이 제멋대로 정몽주를 죽이고 말았어요.
그 일로 이방원은 이성계에게 미움을 받게 되었지요.

하여가와 단심가

이방원은 정몽주를 설득하기 위해서 '이런들 어떠하리, 저런들 어떠하리'라는 '하여가'를 지어 보냈어요. 이성계를 따르며 새로운 왕조를 세우자는 뜻이었지요. 하지만 정몽주는 '이몸이 죽고 죽어 일백 번 고쳐 죽어'라는 '단심가'를 읊으며 죽어도 고려에 대한 충성의 뜻을 굽히지 않겠다는 답가를 보냈어요.

2대 정종

허수아비 왕이 되다!

이름 이방과 **연도** 1357~1419년 **재위 기간** 1398~1400년

이성계가 자리에서 물러나자 이방원의 형 이방과가 왕위에 올랐어.
이방과는 무예가 뛰어나 이성계를 도와 전쟁에서 공을 세우기도 했지.
그런데 조선의 2대 왕 정종은 사실 이방원이 세운 왕이었어.
'지금 왕이 된다고 하면 사람들이 욕하겠지? 형을 왕으로 세워야지.'
정종은 왕이 되자 왕의 힘을 키우는 정책을 폈고,
억울하게 노비가 된 사람들의 신분을 되찾아 주기도 했어.
하지만 곁에서 정종을 도운 신하는 이방원을 섬기는 하륜이었지.

정종에게는 왕위를 물려줄 자식이 없었어.
그러자 형 이방간이 왕의 자리를 탐내기 시작했어.
이방원은 형의 욕심을 미리 알아채고 이방간도 죽이려고 했어.
그러자 정종이 간곡히 부탁했어.
"형제에게 칼을 겨눌 수는 없지 않겠느냐."

"감히 내 자리를 탐내다니!"

이방간은 유배되고 정종은 이방원에게 평화롭게 왕위를 물려주었어.
그리고 인덕궁에서 편안하게 지내며 종종 사냥을 다니는 정도였지.
형제들이 왕의 자리를 놓고 다투었을 때
정종은 형제끼리 죽고 죽이는 일을 막으려고 했단다.

왕이 되고 싶은 왕자들의 싸움, 왕자의 난

이성계의 아들들이 왕위를 놓고 서로 싸운 일을 왕자의 난이라고 해요. 세자 이방석과 정도전이 목숨을 잃은 사건이 1차 왕자의 난, 그리고 이방원과 이방간이 맞선 사건이 2차 왕자의 난이에요. 이때마다 사건의 중심에 이방원이 있었어요. 2차 왕자의 난은 이방원의 승리로 끝났고, 이 일로 이방간은 처형될 뻔했지만 정종 덕분에 귀양을 가게 되었어요. 두 차례의 난으로 힘을 키운 이방원은 조선의 3대 왕 태종이 되지요.

이성계의 아들과 딸

이성계는 여섯 명의 부인과 아들 여덟 명, 딸 세 명을 두었어요. 정식 왕비였던 신의 왕후와의 사이에는 진안 대군 이방우, 영안 대군 이방과, 익안 대군 이방의, 회안 대군 이방간, 정안 대군 이방원, 덕안 대군 이방연, 경신 공주, 경선 공주 여덟 명의 자녀를 두었지요. 둘째 아들 이방과가 2대 정종이고, 다섯째 아들 이방원이 3대 태종이 되었어요.

이방원의 편에 선 신하
하륜

왕과 시대를 함께한 사람들

하륜은 고려 시대의 신하였어요.
조선 왕조가 건국될 때는 조선에 반대했지만
이후에는 마음을 바꾸어 여러 개혁 정책을 폈지요.
외교력이 뛰어나서 명나라에 가서 문제를 해결하기도 했답니다.
하륜은 정도전과 생각이 달라 이방원의 편에 섰으며
1차 왕자의 난 때도 이방원을 도와서 공을 세웠어요.
이방원의 힘이 커질수록 하륜도 승승장구했답니다.
하륜은 단군 때부터 고려 말까지의 역사를 담은
역사책 〈동국사략〉을 편찬하는 데 참여하기도 했어요.

조선왕조실록

조선왕조실록은 조선 태조 때부터 철종까지 25대 조선 역사를 왕을 중심으로 쓴 책이에요. 26대 고종실록과 27대 순종실록은 일제 강점기에 편찬되면서 잘못된 내용이 많아서 제외하지요. 실록은 사관이 왕의 곁에 머물며 보고 들은 내용을 자세히 기록했는데, 왕이 마음대로 고칠 수 없었어요. 실록을 펴내는 것은 후세를 위해 중요한 일이랍니다. 조선왕조실록은 1997년 유네스코 세계 기록 유산으로 지정되었어요.

3대 태종
조선 왕조의 기틀을 세우다!

이름 이방원　**연도** 1367~1422년　**재위 기간** 1400~1418년

태종 이방원은 형제들을 죽이고 왕이 되어 잔혹한 왕이라는 말을 들었어.
하지만 조선이 오랫동안 이어질 수 있도록 기초를 잘 다졌어.
태종은 한양을 조선의 수도로 정하고, 전국을 여덟 개의 도로 나누었어.
억울한 백성을 위해 신문고라는 큰 북을 설치하기도 했단다.
또한 군사 제도를 정비해서 개인이 군대를 가질 수 없게 했고,
왕이 직접 나랏일을 살핀 덕분에 모든 힘은 왕에게 모이게 되었지.

억울하옵니다

태종은 전국의 인구를 조사하는 일도 벌였어.
열여섯 살 이상인 남자는 '호패'를 지니게 했는데,
이름과 신분, 태어난 해 등이 적혀 있었어.
호패법은 나랏일에 백성을 잘 쓰기 위해서 실시한 거야.
태종은 왕권을 위협할지도 모르는 세력을 미리 처리해 버렸어.
"양녕 대군을 폐하고 충녕 대군을 세자로 삼겠다!"
게다가 큰아들 대신 셋째 아들에게 자리를 물려주었어.
태종은 잔인한 모습을 많이 보였지만 나랏일을 잘 살펴서
뒤를 이은 세종이 나라를 잘 다스릴 수 있었다고 해.

억울한 백성이 두드린 북 신문고

태종은 백성들을 위해 특별한 북을 대궐의 문 위에 놓았어요. 억울한 일을 당해도 풀 길이 없는 백성이 직접 북을 울리면, 사연을 듣고 해결해 준 것이지요. 그런데 미리 내용을 말하고 써 내야 하는 등 절차가 복잡해서 실제로 신문고를 울리는 사람은 많지 않았어요. 신문고 제도는 연산군 때 없어졌다가 영조 때 다시 실시되었어요.

전국 팔도 방방곡곡

'전국 팔도'라는 말은 우리나라 전체를 가리키는 말이에요. 우리나라의 지도를 보면 굵은 선으로 지역이 나뉘어 있어요. 세어 보면 모두 여덟 개일 거예요. 여덟 개 행정 구역은 강원도, 경기도, 경상도, 전라도, 충청도, 평안도, 함경도, 황해도를 말해요. 행정 구역의 이름은 가장 큰 고을의 머리글자를 따서 만들었지요. 팔도에는 수령을 보내서 다스리게 했어요. 그리고 관찰사를 보내서 수령이 일을 제대로 하고 있는지 감독하게 했답니다.

풍류를 즐긴 태종의 큰아들
양녕 대군

왕과 시대를 함께한 사람들

양녕 대군은 태종의 큰아들이에요.
태종은 1404년 양녕 대군을 세자로 삼았어요.
양녕 대군은 몰래 궁궐을 빠져나가서 사냥을 하거나
여러 여자들을 만나기도 해서 태종에게 자주 혼이 났어요.
하지만 뉘우치지 않고 계속 같은 잘못을 저지르자
태종은 양녕 대군의 모습에 큰 실망감을 느꼈어요.
신하들도 양녕 대군을 폐위시켜야 한다고 청을 올렸지요.
결국 양녕 대군은 폐위되었지만 태종의 배려와
동생 세종과의 우애 덕분에 평생 풍류를 즐기며 살았어요.

왕자를 부르는 이름 대군

조선 시대에 정식 왕비가 낳은 아들을 '대군'이라고 불렀어요. 왕비가 아닌 빈이 낳은 아들은 '군'이라고 했지요. 예를 들어 원경 왕후가 낳은 충녕 대군은 왕이 되어 '세종'이 되었어요. 하지만 폐비 윤씨가 낳은 연산군이나 공빈 김씨가 낳은 광해군은 왕이 되었어도 쫓겨나는 바람에 계속 왕자 때의 이름으로 불리지요.

4대 세종
백성을 아끼고 살핀 왕

이름 이도 **연도** 1397~1450년 **재위 기간** 1418~1450년

오호, 모두 열심히 하고 있구나!

"충녕 대군에게 왕위를 물려준 것이 태종의 가장 큰 업적이다!"
이런 말이 나올 만큼 세종이 이룬 업적은 아주 많아.
세종은 왕이 되고 가장 먼저 우수한 신하들을 뽑았어.
그리고 집현전을 세워 학자들이 연구할 수 있도록 했지.
"조선의 땅과 기후에 맞는 농사 책을 써서 백성들이 볼 수 있게 하라."
또한 비의 양을 잴 수 있는 측우기와 해시계, 물시계도 만들었어.
세종 곁에서 많은 발명품을 만든 신하는 노비 출신의 장영실이야.

조선 시대에 백성들은 중국의 한자를 빌려 썼는데
한자는 배우려면 시간이 오래 걸려서 글을 모르는 사람이 많았지.
세종은 소리 나는 대로 적을 수 있는 우리글 '훈민정음'을 만들었는데,
어리석은 사람도 열흘이면 배울 수 있는 글이었어.
한자 대신 한글을 쓰는 걸 반대하는 신하가 많았지만
세종이 뜻을 굽히지 않았기 때문에 우리글 한글을 갖게 된 거야.
한글은 세계적으로 우수성을 인정받은 과학적인 글자야.
세종은 '세종 대왕'으로 불리며 오늘날에도 존경받고 있어.

세종이 책벌레였다고?

세종은 어린 시절부터 정말 책을 많이 읽었어요. 같은 책을 30번씩 읽었고 100번씩 읽은 책도 많았어요. 아버지 태종은 세종이 책만 읽다가 병이 날까 걱정이 되어서 방에 있던 책을 모두 치워 버리라고 했어요. 그런데 떨어져 있던 책 한 권을 주운 세종은 병풍 뒤에서 1,000번이나 읽었다고 해요. 세종이 한글을 만들고 여러 과학 기구를 만들 수 있었던 건 어쩌면 엄청난 책 읽기 덕분이었는지도 몰라요.

세종 시대 발명품

혼상 별을 보이는 위치 그대로 둥근 구면에 표시한 천문 기기예요.
앙부일구 12개의 동물 그림으로 시각을 표시한 오목한 해시계예요.
자격루 자동으로 시각을 알려 주는 물시계예요.
간의 천체의 움직임을 관찰하는 천문 관측기구예요.
병진자 수양 대군의 글씨를 본으로 하여 만든 납 활자예요.

조선의 명재상
황희

황희는 고려 시대의 신하였어요.
고려가 멸망하자 황희는 두문동에서 지냈지요.
황희는 조선이 바로 서는 것을 보고는 벼슬길에 올라
태조, 정종, 태종, 세종에 이르는 4대 왕을 섬겼어요.
그중에서도 태종과 세종에게 큰 신임을 받았어요.
"황희를 하루라도 보지 못하면, 일이 손에 잡히지가 않는구나."
이렇게 말할 정도로 세종은 황희를 극진히 아꼈어요.
옳은 일에는 신념을 굽히지 않았고, 현명했으며, 누구와도
소통할 줄 알던 황희는 조선의 명재상이라고 불린답니다.

두문불출

집에서만 지내면서 밖으로 나오지 않는다는 뜻의 '두문불출'이라는 사자성어가 있어요. 조선이 세워지자 고려의 신하들은 벼슬을 거부하고 두문동에서 지내며 나오지 않았어요. 이때 밖으로 나오지 않으면 불을 지르겠다고 했는데 고려의 충신 72명은 끝까지 나오지 않고 죽음을 맞았어요. 이 일에서 두문불출이 유래했지요. 다행히 황희는 동료들의 간곡한 부탁으로 불이 나기 전 밖으로 나왔다고 해요.

5대 문종
아버지의 뒤를 이은 성군

이름 이향 **연도** 1414~1452년 **재위 기간** 1450~1452년

문종은 세종의 큰아들로 일찍부터 왕 수업을 받았어.
책도 많이 읽고 무예도 뛰어났으며 과학에도 관심이 많았지.
문종은 세자 시절 가뭄으로 고통받는 백성들을 위해
비의 양을 재는 측우기를 고안하기도 했어.
게다가 효심이 지극해서 세종을 극진히 모시면서,
나랏일도 도맡아 처리하고는 했지.
세종이 죽고 왕이 된 문종은 백성들의 기대를 한 몸에 받았어.

문종은 튼튼한 나라를 만들기 위해서 먼저 국방을 점검했어.
전쟁에 관한 책을 내서 참고하도록 했고,
'문종 화차'라는 신무기를 만들기도 했지.
고려의 역사를 정리한 책 〈고려사〉와 〈고려사절요〉도 펴냈어.

하지만 문종은 몸을 돌보지 않고 열심히 나랏일을 하다가
왕이 되고 2년 3개월 만에 세상을 떠나고 말았어.
신하들과 백성들은 갑작스러운 왕의 죽음을 굉장히 슬퍼했단다.

왕이 만든 화약 무기 문종 화차

화차는 수레처럼 생긴 몸체 위에 화약 무기를 설치해 쏠 수 있게 만든 것이에요. 수레처럼 끌 수 있고, 한 번에 여러 발을 쏠 수 있지요. 문종은 세자 때부터 화약 무기에 관심이 많았는데 왕이 되고서 직접 고안해 화차를 만들었어요. 문종 화차는 발사 각도를 조절해서 이전보다 더 멀리 쏠 수 있었어요. 문종 화차는 1451년에 무려 700대 이상 만들어져서 전국에 배치되었다고 해요. 또한 문종은 〈동국병감〉이라는 전쟁 역사책을 펴냈어요. 이 책은 고조선 때부터 고려 말기까지 우리나라와 중국 사이에 일어난 전쟁을 시대순으로 정리한 것이에요.

조선 시대 화차를 복원한 것이에요. 신기전을 동시에 여러 발 쏠 수 있었어요.ⓒ 위키백과

북쪽 땅을 넓힌 호랑이 장군
김종서

왕과 시대를 함께한 사람들

김종서는 조선 시대의 신하예요.
태종 때 과거에 급제해 세종 때 관직에 나아갔어요.
김종서는 북쪽 땅를 넓히는 데 큰 공을 세워
세종의 큰 신임을 받았어요. 게다가 고려의 역사를
정리한 〈고려사〉와 〈고려사절요〉 편찬을 주도했어요.
세종 때의 일을 정리한 〈세종실록〉을 편찬할 때는
책임관으로 임명되기도 했지요.
김종서는 세종과 문종에 이어 단종 때도 충성을 다했는데,
수양 대군의 미움을 받아 죽고 말았어요.

▶ 〈고려사〉와 〈고려사절요〉

〈고려사〉는 세종의 명령으로 김종서, 정인지 등이 참여해서 문종 때 완성한 책이에요. 〈고려사〉는 주제별로 정리되어 있고, 왕을 중심으로 쓴 역사책이에요. 〈고려사절요〉는 〈고려사〉를 참고해 연대순으로 정리하여 흐름을 이해하기 좋은 역사책이에요. 이 책들은 고려의 역사를 후대 왕이 보고 참고할 수 있도록 만든 교훈적인 역사책이라고 할 수 있어요.

6대 단종
유배지에서 죽은 비운의 왕

이름 이홍위 **연도** 1441~1457년 **재위 기간** 1452~1455년

단종은 아버지 문종이 죽자 열두 살에 왕이 되었어.
어릴 때부터 총명했지만 왕이 된 단종을 돌봐 줄 어른이 없자
문종은 죽기 전 충성스러운 신하들에게 단종을 부탁했지.
그런데 1년쯤 지나 작은아버지 수양 대군이 욕심을 드러냈어.
거짓으로 사건을 꾸며서 단종을 따르던 신하들을 없애 버린 거야.
이 일로 수양 대군은 실질적으로 권력을 차지했고,
단종은 결국 왕의 자리를 수양 대군에게 넘기게 되었지.

1년 뒤 몇몇 신하들은 단종을 왕으로 세우려고 계획을 세웠어.
하지만 계획이 드러나 관련된 신하들이 모두 목숨을 잃고,
단종도 강원도 영월로 유배를 떠나야 했지.
이후 수양 대군의 동생 금성 대군이 다시 단종을 왕으로 세우려다가
죽임을 당하고, 단종은 서민의 신분이 되고 말았어.
수양 대군의 신하들은 단종이 살아 있으면 위협이 될 거라고 여겼어.
단종은 스스로 목숨을 끊으라는 강요에 못 이겨
열일곱 살의 나이에 세상을 떠났단다.

죽음도 꺾지 못한 충심 사육신

단종을 다시 왕으로 세우려다가 목숨을 잃은 여섯 명의 신하를 '사육신'이라고 해요. 성삼문, 박팽년, 하위지, 이개, 유성원, 유응부이지요. 사육신은 수양 대군의 즉위에 반대하며 단종을 다시 왕으로 세우려고 계획했어요. 하지만 계획이 들키자 여섯 명은 스스로 목숨을 끊거나 붙잡혀 끔찍하게 목숨을 잃었어요. 사육신은 충성심을 상징해요.

벼슬을 버리고 숨어 지낸 생육신

단종이 왕위에서 내려오자 벼슬을 버리고 절개를 지킨 여섯 명의 신하를 '생육신'이라고 해요. 이맹전, 조여, 원호, 김시습, 성담수, 남효온(또는 권절)을 가리키는 말이에요. 생육신은 평생 벼슬에 나가지 않고 숨어 지냈어요. 사육신과 생육신은 세조를 왕으로 인정하지 않고 끝까지 단종에 대한 충성을 지켰답니다.

충성스러운 신하
성삼문과 김시습

왕과 시대를 함께한 사람들

사육신의 한 명인 성삼문은 세종의 신임을 받았어요.
집현전에서 연구를 하면서 훈민정음을 만드는 일을 도왔지요.
성삼문은 단종을 다시 왕으로 세우려다 붙잡혔어요.
"하늘에 태양이 둘이 없고, 군주가 둘이 있을 수 없다."
성삼문은 뜻을 굽히지 않아 수양 대군에게 죽임을 당했어요.
생육신의 한 명인 김시습은 글솜씨가 뛰어나
우리나라 최초의 한문 소설 〈금오신화〉를 썼어요.
김시습은 수양 대군이 왕위에 올랐다는 소식을 듣고
스스로 머리를 깎고 승려가 되어 떠돌아다니며 글을 썼어요.

사육신 묘

단종은 죽은 뒤에도 왕으로 인정받지 못하다가 숙종 때 '단종'이라는 묘호를 얻었어요. 그제야 사육신도 충성스러운 신하로 인정받게 되었지요. 정조 때 이긍익이 쓴 역사책 〈연려실기술〉에 김시습이 사육신의 시신을 노량진에 묻었다는 기록이 나와요. 사육신 묘는 오늘날 서울특별시 동작구 노량진에 있어요.

7대 세조

조카의 자리를 빼앗다!

이름 이유 **연도** 1417~1468년 **재위 기간** 1455~1468년

어린 조카를 내쫓은 수양 대군은 왕위에 올라 세조가 되었어.
세조는 어려서부터 유교 경전이나 역사책 등 많은 책을 읽었고
풍수지리와 음악에 대해서도 잘 알았지.
활솜씨도 뛰어나서 '명궁'이라고 불리기도 했단다.
하지만 조카를 죽였다는 비난에서 벗어날 수는 없었어.
세조는 집현전을 없애고, 왕과 신하가 토론하는 경연도 하지 못하게 했어.

인구를 정확히 알기 위해 태종 때 만든 호패법을 다시 실시하고,
관직에서 물러난 사람들에게는 토지를 주지 않는 직전법도 실시했어.
모두 왕의 힘을 키우기 위한 일들이었지.
또한 나라를 다스리는 데 필요한 법을 정리한 〈경국대전〉을 만들게 했어.
역사와 땅에도 관심이 많아 역사책 〈동국통감〉을 만들도록 하고
우리나라 최초의 실측 지도 〈동국지도〉도 펴냈지.
하지만 지방 세력을 억누르다 보니 불만을 가진 사람들이 늘어났고
권력을 휘두르며 법을 어기는 공신들이 많아지게 되었어.

지방 호족이 불만을 가진 이유

지방에서 힘을 키우며 세력을 떨친 사람들을 호족 또는 토호라고 해요. 세조는 중앙의 관리를 지방으로 보내서 수령으로 임명했어요. 그렇게 하면 호족 세력이 약해지고 왕의 힘의 강해진다고 여겼거든요. 지방 호족 세력들은 불만을 가지게 되었어요. 함경도 지방의 호족이었던 이시애는 반란을 일으켰지만 3개월 만에 진압되었어요. 이 사건을 '이시애의 난'이라고 해요.

직전법으로 바꾸어라!

세조 이전에는 현직 관리뿐 아니라 명예직 관리에게도 토지를 주었고, 토지를 받은 관리는 자손에게 물려줄 수 있었어요. 그러다 보니 새로 임명된 관리에게 줄 토지가 점점 부족해져 불만이 늘어났어요. 그러자 세조는 현직 관리들에게만 토지를 주는 직전법으로 바꾸었어요. 덕분에 나라의 재정이 늘어났지요.

수양 대군을 따른 신하
신숙주

신숙주는 세종의 신임을 받은 학자였어요.
수양 대군이 중국에 갈 때 신숙주가 함께 가게 되면서
이후에 수양 대군을 따르며 여러 일을 했지요.
신숙주는 성삼문, 박팽년 등 단종을 따르는 신하들과
오랫동안 우정을 쌓은 사이였어요.
하지만 수양 대군의 편에 서자 성삼문의 비난을 받기도 했어요.
"세손을 부탁하시던 세종의 말씀을 잊은 것이오!"
신숙주는 뛰어난 학자였지만 조카의 자리를 빼앗은
수양 대군의 편에 선 일로 배신자라는 비난을 받게 되었지요.

숙주나물

녹두의 싹을 내어 먹는 녹두나물이 있어요. 모습은 콩나물과 비슷하게 생겼어요. 녹두나물은 숙주나물이라고도 불러요. 그런데 숙주나물이라는 이름은 신숙주에서 유래했다는 설이 있어요. 녹두나물이 잘 상하는 것이 마치 마음을 바꾼 신숙주와 같다고 해서 붙은 이름이지요.

8대 예종

왕의 힘을 키우다!

이름 이황　**연도** 1450~1469년　**재위 기간** 1468~1469년

오호, 오늘도 경연에 빠지지 않았군!

세조의 둘째 아들은 조용하고 책을 좋아하며 영리한 아이였어.
형 의경 세자가 죽는 바람에 세자가 되었는데,
세자 수업에 하루에 세 번씩 무려 11년이나 빠지지 않고 나갔대.
신중하고 학문이 뛰어난 둘째 아들을 세조는 항상 칭찬했지.
세조는 죽기 전 신하들에게 예종을 부탁한다는 말을 남겼어.
하지만 권력을 쥔 공신들과 친척들 사이에서 예종은 무척 힘들었어.
'제대로 된 왕으로 인정받으려면 왕의 힘을 키워야 해!'

예종은 먼저 다른 꿍꿍이를 가진 친척들을 없애 버렸어.
그리고 공신들의 힘을 억누르는 정책을 폈어.
하지만 왕위에 오른 지 1년쯤 지난 뒤
어린 시절부터 앓아 온 병이 도져 갑자기 숨을 거두었어.
예종이 죽자 어머니 정희 왕후가 성종을 왕으로 삼고
어린 성종을 대신해 자신이 권력을 잡았지.
예종은 아버지 세조처럼 강한 왕을 꿈꾸었지만 병으로 이루지 못했어.

왕세자가 받는 교육 **서연**

왕위를 이을 세자로 책봉되면 왕이 되는 데 필요한 공부를 해야 해요. 이것을 '서연'이라고 하지요. 주로 학문이 뛰어난 젊은 관리들이 세자에게 유교 경전과 역사를 가르쳤어요. 예종은 1457년에 세자로 책봉되었어요. 그리고 왕위에 오를 때까지 무려 하루 세 번씩 11년 동안이나 서연에 빠지지 않았다고 해요.

권력 다툼으로 일어난 **남이의 죽음**

남이는 태종의 넷째 딸 정선 공주의 아들이에요. 무과에 급제해 관직에 올라 세조의 신임을 받았지요. 남이는 지방 호족 이시애의 난을 진압하는 데 공을 세웠어요. 그런데 유자광이 예종에게 남이가 반역을 꾸민다고 거짓말을 했어요. 예종은 왕의 친척들이 권력을 휘두르는 걸 막으려고 했어요. 그래서 남이는 붙잡혀 죽음을 맞게 되었지요. 이 사건을 '남이의 옥사'라고 해요. 이 사건을 주도한 신숙주, 한명회 등은 이후에 더욱 권력이 세졌답니다.

권력을 쥔 왕의 장인
한명회

왕과 시대를 함께한 사람들

한명회는 세조가 반대 세력을 없애고
왕이 되는 데 큰 공을 세웠어요.
그래서 일등 공신 대우를 받았지요.
한명회는 세조의 신임을 받으면서 높은 관직에 올랐고,
최고의 벼슬이라 할 수 있는 영의정에 올랐어요.
게다가 예종과 뒤를 이은 성종 모두 한명회의 딸과 혼인을 해서
한명회는 왕의 장인으로 더욱 위세를 떨칠 수 있었답니다.
한명회는 '남이의 옥사' 때 공을 세워 더욱 권력이 강해졌고,
성종 때까지도 평생 권력과 부를 누렸어요.

압구정

한명회의 호는 '압구정'이에요. 한명회는 나이가 들어 경치가 좋은 한강 옆에 화려한 정자를 짓고 압구정이라고 이름 붙였어요. 갈매기와 친하게 지낸다는 뜻이었지요. 하지만 중국 사신이 압구정을 방문하는 일로 성종과 다투게 되었어요. 성종의 화를 산 한명회는 결국 정치에서 물러나 압구정에서 죽을 때까지 쓸쓸히 지냈어요.

9대 성종

조선 왕조의 체제를 완성한 왕

이름 이혈 **연도** 1457~1494년 **재위 기간** 1469~1494년

성종은 세조의 손자이자 예종의 조카였어.
예종이 갑자기 죽자 세조의 왕비인 정희 왕후가 성종을 왕으로 추천했지.
성종이 왕이 될 수 있었던 건 강한 권력을 가졌던
한명회의 사위라는 이유 때문이었을지도 몰라.
성종은 열세 살로 어려서 정희 왕후가 대신 나랏일을 맡았어.
정희 왕후는 7년 동안 신하들에게 물어 가며 현명하게 나라를 살폈어.
앞에 나서지도 않으면서 성종이 자라는 동안 나라를 잘 다스렸지.

성종이 성인이 되자 1476년 정희 왕후는 정치에서 물러났어.
성종은 권력을 쥔 신하들의 힘을 억누르려고
새로운 인재를 얻기 위해 과거 시험을 자주 열었지.
그 결과 새로 등장한 세력을 사림이라고 해.

성종의 가장 큰 업적은 〈경국대전〉을 반포한 일이야.
조선을 다스리는 데 기준이 된 최고의 법전이라고 할 수 있지.
게다가 역사, 지리, 문학, 음악 등 여러 분야의 책을 펴냈어.
성종이 나라를 다스리는 동안 조선은 태평성대였단다.

성종이 펴낸 책들

경국대전 조선 최고의 법전으로 모두 319개의 법 규정이 담겨 있어요.

동국통감 고조선에서 고려 말까지를 다룬 역사책이에요.

악학궤범 의례에 쓰이는 음악과 악기, 의례 물건, 관복 등을 정리한 음악 이론책이에요.

동국여지승람 우리나라 각 지역의 역사와 산천, 성곽 등을 정리한 지리책이에요.

왕과 신하의 토론 경연

경연은 왕과 신하가 한자리에 모여서 학문이나 정치에 대해서 토론하는 제도예요. 경연 자리에서 신하들은 왕에게 자기 생각을 주저하지 않고 이야기했어요. 조선 시대 왕들 중에는 경연을 통해 신하의 솔직한 이야기를 들으려고 하는 왕도 있었지만 경연을 싫어하는 왕도 있었어요. 경연 제도는 왕이 권력을 휘두르는 것을 억누르는 제도였지요.

젊은 선비들의 우두머리
김종직

왕과 시대를 함께한 사람들

김종직은 세조 때 과거에 합격해 벼슬을 얻었지만
지방에서 인재를 기르며 이름을 알렸어요.
성종은 홍문관을 집현전과 같은 연구 기관으로 만들고
김종직을 불러 홍문관 일을 맡겼어요.
김종직이 젊은 선비들에게 존경을 받고 있었거든요.
김종직 아래로 들어간 젊은 세력들은
나중에 사림파라는 무리를 이루었어요.
김종직은 세조를 비판하고 단종을 애도하는 글을 쓴 일로
안타까운 죽음을 맞았어요.

훈구파와 사림파

조선 시대에 많은 공을 세우고 높은 벼슬에 올라 강한 권력을 쥐고 있던 세력을 훈구파라고 해요. 성종은 훈구파의 힘이 너무 커지자 과거 제도를 시행해 새로운 인재를 많이 등용했어요. 이때 등용된 젊은 관리들이 모여 사림파를 이루었지요. 사림파가 나타나자 훈구파를 견제할 수 있었어요.

10대 연산군

최악의 폭군으로 불린 왕

이름 이융　**연도** 1476~1506년　**재위 기간** 1494~1506년

66

성종이 죽고 큰아들 연산군이 왕이 되었어.

연산군은 공부보다는 춤과 노래를 좋아하고 시를 잘 지었지.

왕이 된 연산군은 성종의 뒤를 이어 나라를 잘 다스렸어.

암행어사를 보내 나쁜 관리들을 감독하고,

왜적이 쳐들어오지 못하도록 국방도 튼튼히 했지.

하지만 연산군은 신하들이 자신을 비판하는 것을 무척 싫어해서

바른말을 하는 신하들을 모두 죽여 버렸어.

연산군은 유교 경전을 공부하려고도 하지 않았고,
나랏일을 의논하는 경연도 열지 못하게 했어.
연산군은 자신과 의견이 다른 신하 수백 명의 목숨을 빼앗았고,
궁궐에서 사치스러운 잔치를 자주 열었어.

자신이 사냥터로 삼은 곳은 백성이 다닐 수 없게 했지.
나라 사정은 점점 어려워졌고, 백성들은 연산군을 몰아내자고 했어.
그러던 중 1506년 신하들이 들고일어나 연산군은 유배되어
강화도에서 쓸쓸하게 세상을 떠났단다.

바른말을 해 목숨을 잃은 **사화**

연산군 때 많은 선비들이 목숨을 잃은 사건을 '사화'라고 해요. 연산군 4년인 무오년에 있었던 사화를 '무오사화', 연산군 10년인 갑자년에 있었던 사화를 '갑자사화'라고 해요. 두 번의 사화로 연산군에게 바른 말을 하려면 신하들은 죽기를 각오해야 했지요. 그러다 보니 연산군의 힘은 더욱 강해졌고, 사냥이나 잔치를 즐기며 자신이 하고 싶은 대로 했어요. 결국 연산군은 최고의 폭군이 되고 만 거지요.

연산군의 어머니 **폐비 윤씨**

연산군의 어머니 윤씨는 성종의 후궁이었어요. 아들을 가져 왕비에 책봉되었지만 왕비가 되자 성종이 총애하는 후궁들을 질투해 못살게 구는 등 행실이 나빴어요. 그러다가 성종의 얼굴에 손톱자국을 낸 일이 계기가 되어 결국 왕비 자리에서 쫓겨나게 되었어요. 폐비 윤씨는 결국 사약을 받고 죽음을 맞이했어요.

연산군을 몰아낸 두 신하
박원종과 성희안

왕과 시대를 함께한 사람들

박원종은 조선 시대의 무신으로
무예와 학식을 두루 갖춘 사람이었어요.
성종은 박원종을 아껴서 높은 벼슬을 내렸어요.
박원종은 연산군을 몰아내려고 반정을 일으킨 사람 중 한 명이에요.
성희안은 문신으로 학식이 풍부한 사람이었어요.
높은 벼슬을 지냈으나 연산군을 풍자한 글 때문에 지위가 낮아졌지요.
성희안은 1506년 박원종과 함께 반정을 일으켜 연산군을 몰아냈는데
이 사건을 '중종반정'이라고 해요.
박원종과 성희안은 중종이 왕이 되자 영의정까지 올랐어요.

중종반정

연산군의 폭정을 더 이상 두고 볼 수 없어서 박원종, 성희안, 유순정 등이 1506년에 반정을 일으켰어요. 많은 군사를 모아 연산군이 있던 창경궁으로 쳐들어간 것이지요. '반정'은 '바른 것으로 되돌린다'는 뜻이에요. 연산군을 지키는 군사들은 도망쳐 버렸고, 연산군은 왕의 자리에서 쫓겨났어요. 그리고 성종의 둘째 아들인 진성 대군이 왕위에 올라 중종이 되었어요.

11대 중종
신하들이 세운 왕

이름 이역　**연도** 1488~1544년　**재위 기간** 1506~1544년

중종은 연산군이 왕이었을 때는 왕의 눈치를 보며 지냈는데,
신하들이 앞세워 왕이 되자 이번에는 신하들을 두려워했어.
'나도 신하들에게 쫓겨날 수 있지 않을까?'
중종이 왕위에 오르고 10년이 지나자 신하들의 기세도 조금 꺾였어.
중종은 사림파 중에서 조광조를 아끼고 높은 벼슬을 주었어.
추천을 받아 신하를 뽑는 제도 덕분에 사림파는 더욱 늘어났지.
그러자 훈구파에게는 중종의 신임을 받는 사림파가 눈엣가시였어.

중종은 조광조의 편을 들었지만 점점 사이가 벌어지게 되었지.
훈구파는 조광조를 비롯한 사림파를 몰아내려고 중종에게
조광조 무리가 권력을 차지하려 한다고 벌을 내리라고 했어.
결국 조광조를 비롯한 70여 명이 사약을 받게 되었어.
그 일로 훈구파는 더욱 권력을 쥐고 흔들게 되었어.
중종은 백성을 걱정하는 마음은 있었지만
이리저리 휘둘리며 우유부단한 왕이 되고 말았지.

공신으로 삼으라!

나라를 위하여 특별한 공을 세운 신하를 공신이라고 해요. 조선을 건국하는 데 공을 세우거나 반정에 성공한 신하들이 공신 대우를 받았지요. 공신은 상으로 땅이나 노비를 받았어요. 중종이 왕이 되는 데 공을 세운 박원종, 유순정, 성희안은 왕에 버금가는 권력을 휘둘렀어요. 나라에서 토지와 노비를 받고 권력을 이용해 백성들의 토지를 빼앗으며 재산을 불려 나갔지요.

쫓겨난 왕의 기록 연산군일기

〈연산군일기〉는 연산군이 왕이었을 때의 일을 기록한 책이에요. 구성이나 내용은 실록과 비슷해요. 하지만 연산군이 왕위에서 쫓겨나 왕으로 인정받지 못했기 때문에 연산군 때의 기록은 '연산군일기'라고 불러요. 광해군 때의 기록도 같은 이유로 '광해군일기'라고 부르지요. 〈단종실록〉도 처음에는 '노산군일기'였지만 숙종 때 단종이 묘호를 받자 '단종실록'으로 바뀌었답니다.

새로운 조선을 꿈꾼 개혁가
조광조

왕과 시대를 함께한 사람들

조광조는 젊은 선비들 중에서 아주 능력이 뛰어나
중종은 조광조를 믿고 그의 말에 귀를 기울였어요.
조광조는 짧은 시간에 높은 벼슬에 올랐지요.
하지만 조광조가 원칙을 너무 강요하였고,
조광조의 세력이 점점 커지는 걸 보고
중종은 점점 조광조와 거리를 두게 되었어요.
조광조는 훈구파와 계속 맞서다가 결국 훈구파의 모함으로
사약을 받고 세상을 떠났어요.
정치에 나선 지 겨우 4년 만이었지요.

중종의 신하들

기묘사화로 조광조가 죽고 10년쯤 지난 뒤 기묘사화를 나서서 주도했던 남곤이 세상을 떠났어요. 중종은 조광조와 남곤에게 이어 김안로를 곁에 두었어요. 김안로 역시 조광조처럼 짧은 시간에 높은 벼슬에 올랐어요. 하지만 김안로도 사약을 받고 세상을 떠났어요. 중종의 곁에 있었던 신하들은 갑자기 높은 벼슬을 얻었다가 한순간에 자리를 빼앗기기도 했어요. 중종이 신하들을 믿지 못했기 때문이지요.

12대 인종
여덟 달 동안 왕이 되다!

이름 이호 **연도** 1515~1545년 **재위 기간** 1544~1545년

중종이 나이가 들어 죽자 아들 인종이 왕이 되었어.
인종은 태어난 지 일주일 만에 어머니가 죽어 문정 왕후 손에 자랐어.
인종은 세 살 때부터 글을 읽었을 정도로 총명했고,
여섯 살에 세자에 책봉되어서 여러 교육을 받았어.
여덟 살 때는 성균관에 들어가서 하루 세 번 글공부를 했지.
인종은 세자 시절 바른 몸가짐으로 신하들의 기대가 컸지만
몸이 허약해서 자주 탈이 났지.

중종이 죽자 효심이 깊은 인종은 6일 동안 음식을 먹지 않았고, 다섯 달 동안 소금을 먹지 않다가 결국 병이 났어.
하지만 중종 때 제대로 하지 못했던 정책을 하나씩 살펴 나갔어.
다시 사림을 등용하고 조광조의 억울함도 풀어 주었지.
하지만 병이 더욱 깊어지자 결국 동생에게 왕위를 물려주었어.
인종은 왕이 되고 여덟 달 만에 세상을 떠났단다.

조선 최고의 교육 기관 성균관

성균관은 조선 최고의 교육 기관이에요. 과거 시험에 합격한 사람이나 관리들이 들어갈 수 있었어요. 세자는 시험을 치지 않고 입학할 수 있었어요. 성균관에 다니는 학생은 유생이라고 해요. 유생은 성균관에서 함께 먹고 자면서 공부했어요. 성균관의 교육 과정은 3년인데, 해마다 두 번 큰 시험을 쳐야 했지요. 성균관 유생들은 나랏일에도 관심이 많아서 중요한 일에는 의견을 모아 상소를 올리기도 했어요.

오늘날 성균관 명륜당의 모습이에요. 명륜당은 유학을 가르치던 곳이에요. ⓒ 위키백과

조선 최고의 권력을 누린 왕비
문정 왕후

왕과 시대를 함께한 사람들

문정 왕후는 중종의 왕비이자 명종의 어머니예요.
장경 왕후가 인종을 낳고 병으로 세상을 떠나자 왕비가 되었지요.
명종이 어린 나이에 왕위에 오르자 문정 왕후가 수렴청정을 했어요.
문정 왕후와 동생 윤원형 등 윤씨 집안사람들은
인종을 따르던 신하들을 없애 버리고 권력을 잡았어요.
나쁜 방법으로 다른 사람의 집과 땅을 빼앗기도 했지요.
그러다 보니 지방 관리들도 세금을 더 거두었고,
백성들의 삶은 더욱 힘들어졌어요.
문정 왕후는 20년 넘게 최고의 권력을 누렸어요.

수렴청정

수렴은 나무나 줄을 엮어 늘어뜨리는 '발'을 말해요. 옛날에는 왕비가 대신들을 만날 때 얼굴을 마주보지 않고 발을 내리고 만났어요. 얼굴을 가리기 위해서였지요. '수렴청정'은 발을 내리고 왕의 곁에서 대신 정치를 했다는 뜻이에요. 주로 나이 어린 왕을 대신해서 왕의 어머니나 할머니가 수렴청정을 했지요.

13대 명종

혼란에 빠진 나라의 왕

이름 이환 **연도** 1534~1567년 **재위 기간** 1545~1567년

인종이 갑자기 죽고 어머니가 다른 동생이 왕이 되었어.
명종은 중종과 문정 왕후 사이에서 태어난 아들이었지.
명종이 열두 살에 왕이 되자 어머니 문정 왕후가 수렴청정을 하며
문정 왕후의 동생 윤원형도 권력을 잡게 되었지.
윤원형 세력은 인종의 외삼촌 윤임을 없애려고
윤임이 다른 왕이 세우려고 했다고 모함했어.
이 일로 윤임 세력은 목숨을 잃거나 유배를 당했지.

윤원형은 최고 벼슬인 영의정이 되어 온갖 나쁜 일을 저질렀고
때마침 왜구까지 쳐들어와서 나라가 혼란스러웠어.
그때 의적 임꺽정이 나타나 백성들에게 희망을 주기도 했어.
1565년 문정 왕후가 죽자 윤원형은 제주도로 유배되었어.
명종은 그제야 제대로 정치를 하려고 나섰지만,
병으로 1567년 갑자기 세상을 떠나고 말았어.

임진왜란 때 활약한 판옥선

문정 왕후가 수렴청정을 할 때 윤원형의 횡포로 나라가 무척 어지러운 상황에서 왜구가 쳐들어왔어요. 전라도 바닷가로 쳐들어온 왜구에 맞서 조선 군사는 최선을 다해 다행히 승리를 거두었지만 불안한 상황이었어요. 그때 해군의 힘을 키우기 위해 판옥선을 개발했어요. 갑판이 2층으로 되어 있는 배로 1층에서는 노를 젓고 2층에서는 싸울 수 있는 구조였지요. 판옥선은 나중에 임진왜란 때 크게 활약했어요.

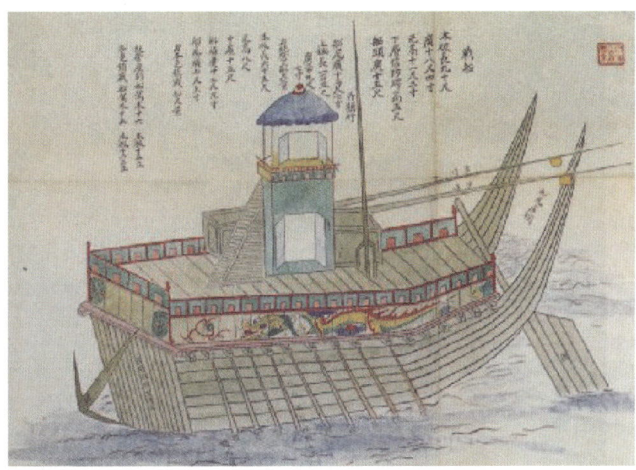

판옥선은 명종 때 개발되었어요. 〈명종실록〉에 50명 정도가 탔다는 기록이 나온대요. 임진왜란 때 활약한 판옥선은 명종 때보다 더욱 크고 130명 정도 탈 수 있었어요.ⓒ 위키백과

백성의 희망이 된 의적
임꺽정

황해도에서 살고 있던 임꺽정은 도적의 우두머리가 되었어요.
살기 힘들어 도적이 된 백성들은 권력을 휘두르던
양반의 집이나 관청을 습격해서 관리들을 혼내 주었어요.
곡식을 빼앗아서 백성들에게 나누어 주기도 했지요.
임꺽정 세력이 점차 커지자 나라에서도 골치였어요.
명종은 임꺽정을 잡아 오라는 명령을 내렸지만
산속에 숨어 지내는 무리들을 잡기 어려웠지요.
임꺽정은 결국 포위당해서 관군에 붙잡히고 말았어요.
임꺽정은 힘없는 백성의 편이 된 의로운 도적이에요.

임꺽정 일화

임꺽정의 이야기는 전해 내려오던 이야기를 소설가 홍명희가 역사 소설로 써서 더욱 알려졌어요. 임꺽정의 여러 일화 중에 관군을 속인 이야기가 유명해요. 관군을 피해 다닐 때 눈 덮인 산에서 신발을 거꾸로 신고 걸어 헷갈리게 한 것이지요. 나라에서는 임꺽정을 잡으려고 큰 상금을 걸었기 때문에 가짜 임꺽정을 만들어서 상금을 노린 사람들도 나타났지요.

14대 선조

임진왜란이 일어나다!

이름 이연 **연도** 1552~1608년 **재위 기간** 1567~1608년

명종에게는 아들이 없어서 조카가 왕위에 올랐어.
왕이 된 선조는 매일같이 경연을 열었고
이황, 이이, 기대승 같은 대학자들을 곁에 두었지.
그런데 사림파들이 동인과 서인으로 나뉘어 다투기 시작했어.
선조는 이이의 의견을 따라 개혁 정책을 펴려고 했지만,
이이가 서인이어서 동인들이 강하게 반대했어.
그러던 중 서인의 모함으로 동인이 천 명이나 죽은 일도 있었어.

그 무렵 바다 건너 일본에서는 도요토미 히데요시가 일본을 통일하고,
부산 앞바다로 수많은 군대를 이끌고 쳐들어왔어.
선조는 일본군의 기세에 궁궐을 버리고 도망쳤고,
일본군은 우리나라 전체를 집어삼킬 기세였어.

그때 이순신이 이끄는 조선 수군의 활약으로 일본군은 서서히 무너졌고, 전국에서 의병이 일어나 일본군과 맞서 싸웠지.
명나라에서도 지원군을 보냈어. 1598년 일본군을 모두 몰아내고 선조는 전쟁 피해를 복구하려고 힘썼지만 뜻대로 되지 않았어.
선조는 '백성을 버린 왕'으로 불리며 1608년 세상을 떠났단다.

바다에서 활약한 이순신

1589년 일본은 "명나라를 치러 갈 테니 조선은 길을 빌려 달라."는 문서를 보냈어요. 선조는 통신사를 보내서 사정을 알아보았는데 전쟁이 나지 않을 거라는 신하 말을 믿어 버렸어요. 그러다가 1592년 일본군의 배가 부산 앞바다로 쳐들어왔지요. 일본군은 금세 평양성까지 올라왔지만 이순신이 이끈 수군의 활약으로 일본군을 물리칠 수 있었지요. 이순신은 뛰어난 전술과 거북선을 이용해 한산도, 명량, 노량 등에서 큰 활약을 보여 주었어요.

임진왜란에서 공을 세운 장군들

신립 탄금대에서 강을 등지고 마지막까지 일본군에 맞서 싸웠어요.
곽재우 육지에서 일본군을 무찌른 의병 장수예요. 붉은 갑옷을 입어 홍의 장군이라고 불렸어요.
김시민 진주 목사로 진주성을 지키며 큰 승리를 거두었어요.
권율 행주산성에서 백성과 함께 일본군을 크게 무찔렀어요.

조선의 대학자
이이

왕과 시대를 함께한 사람들

이이는 조선 시대의 학자로 어머니는 뛰어난 그림과 글을 남긴 신사임당이에요. 이이는 관직에 나섰다가 물러나기를 반복했어요. 관직을 거절했지만 계속 왕이 찾을 만큼 신임을 받는 신하였거든요. 이이는 임진왜란이 일어나기 전 국방을 튼튼히 해야 한다며 10만 명의 군대를 길러야 한다고 주장하기도 했어요. 이이는 백성들에게 일어나는 문제들을 해결하기 위해 적극적으로 정치에 참여한 선비이자 학자예요.

황윤길과 김성일

일본이 조선에 길을 빌려 달라는 문서를 보냈을 때 황윤길과 김성일이 통신사로 일본에 파견되었어요. 1년 동안 일본에 머물다 돌아온 두 사람에게 선조가 전쟁이 날 것 같냐고 물었어요. 그때 이이의 학풍을 이어받은 황윤길은 전쟁이 날 것이라고 했지만 이황의 학풍을 이어받은 김성일은 전쟁이 나지 않을 거라고 말했지요. 선조는 김성일의 말을 듣고 전쟁 준비를 하지 않았는데 결국 임진왜란이 일어났답니다.

15대 광해군

탁월한 외교 정책을 펴다!

이름 이혼 연도 1575~1641년 재위 기간 1608~1623년

임진왜란 때 피란을 떠나며 선조는 부랴부랴 광해군을 세자로 삼았어.
광해군은 선조와 후궁 사이에서 태어난 아들이었지.
광해군은 왕위에 올라 전쟁으로 고통받는 백성들을 위해서 노력했어.
토지와 인구를 조사해 나라의 재정을 늘리고,
공물 대신 쌀로 세금을 내게 하는 대동법을 실시했어.
전쟁으로 병든 백성을 위해 〈동의보감〉도 펴냈단다.

광해군은 나라 밖의 상황을 유심히 살피며 전쟁 대비를 했어.
그때 중국은 명나라가 힘이 점점 약해지고 후금이 힘을 얻으면서
명나라와 후금 사이에 전쟁이 일어나게 되었어.
광해군은 어쩔 수 없이 지원군을 보냈지만 어느 쪽 편도 들지 않았지.

광해군은 왕의 자리를 지키려고 어머니가 다른 동생
영창 대군을 유배 보내서 죽게 하기도 했어.
결국 신하들이 반정을 일으켜서 광해군은 유배되었는데,
강화도, 제주도에서 18년 동안 유배 생활을 하다가 세상을 떠났단다.

조선 최고의 의학서 **동의보감**

전쟁이 끝나자 다치거나 병에 걸린 백성들이 많았어요. 하지만 치료를 받지 못해서 목숨을 잃는 사람들이 많았지요. 선조의 명령을 받아 허준은 책을 쓰기 시작해서 광해군 2년에 스물다섯 권의 〈동의보감〉을 완성했어요. 다양한 병의 증상과 치료법을 정리해서 백성들도 쉽게 찾아볼 수 있는 책이었어요. 〈동의보감〉은 일본, 중국에도 전해져서 '동양 최고의 의학서'라고 불렸어요.

대동법을 실시하라!

전쟁으로 형편이 어려워진 백성들을 괴롭힌 건 세금이었어요. 특히 지역 특산물을 바치는 공납을 내지 못해 도망치는 백성이 있을 정도였어요. 광해군은 공물 대신 쌀로 세금을 낼 수 있게 했어요. 그리고 토지를 기준으로 삼아 토지가 많은 사람이 세금을 더 많이 내게 했지요. 덕분에 가난한 백성들은 세금을 덜 내게 되었지요. 그러자 백성들의 생활도 안정되었어요.

깊은 우정을 나눈 오성과 한음
이항복과 이덕형

이항복은 조선 시대의 학자로 임진왜란 때
명나라를 오가며 뛰어난 외교 능력을 보여 주었어요.
이항복은 다섯 살 어린 이덕형과 진한 우정을 나누었어요.
이덕형은 세 번이나 영의정에 오른 관리였고,
이항복도 임진왜란 때 외교 능력을 발휘했지요.
두 사람은 정치에 대한 생각은 달랐지만 우정이 깊었어요.
하지만 임진왜란이 끝나고 정치 다툼에 휘말려
이항복과 이덕형은 유배되어 세상을 떠났어요.
두 사람의 우정 이야기는 오늘날까지 전하고 있어요.

오성과 한음

오성 이항복과 한음 이덕형은 나이 차이가 있었지만 어려서부터 친구로 지내면서 장난을 많이 쳤다고 해요. 한음이 시체인 척하며 누워 있다가 오성을 놀린 이야기 등 두 사람의 우정에 관한 이야기가 많이 전하고 있어요. 두 사람은 관직에 올라서도 변하지 않는 우정을 보여 주었고, 임진왜란 때 외교가로 활약했어요.

16대 인조

청나라에 굴욕을 겪은 왕

이름 이종 **연도** 1595~1649년 **재위 기간** 1623~1649년

인조반정으로 광해군의 조카가 왕위에 올라 인조가 되었어.
인조는 명나라와 친하게 지내고 후금을 멀리했는데,
후금은 점점 힘을 키워 못마땅하게 여겼던 조선으로 쳐들어왔어.
그때 후금은 조선과 형제 관계를 맺고 돌아갔지만,
나라 이름을 '청'으로 바꾸고 군사 12만 명을 이끌고 다시 쳐들어왔어.
인조는 강화도로 피하려고 했지만 길이 막혀 남한산성으로 들어갔단다.

구원병이 전국에서 도착했지만 청나라 군사에 막혔어.
한 달이 지나 인조는 결국 청나라에 항복하고 삼전도에서
청나라 태종에게 세 번 절을 하고 아홉 번 머리를 조아렸지.
수십만 명의 백성들과 왕자, 대신들이 청나라로 끌려갔어.
인조는 다시 나라를 안정시키려고
여러 정책을 폈지만 번번이 실패로 끝났어.
인조는 두 번이나 전쟁이 나게 한 무능한 왕으로 기억되고 있어.

🌱 **남한산성**을 포위하라!

인조와 1만 3천 명의 군대는 남한산성으로 들어가 구원병을 기다렸어요. 한 달이 지나면서 식량과 땔감이 떨어지고, 지독한 추위에 시달렸어요. 남한산성은 적을 방어하기 좋은 곳이었지만 그로 인해 고립되기도 쉬웠어요. 남한산성 둘레를 포위한 적의 군대 때문에 지원병이 산성 안으로 들어갈 수 없었지요. 남한산성은 경기도 남한산에 있어요.

🌱 인조가 절을 한 **삼전도의 굴욕**

삼전도는 조선 시대에 서울과 남한산성을 이어 주던 나루였어요. 인조는 남한산성에서 오도 가도 못하는 상황이 되자 결국 항복을 결심했어요. 나라와 백성을 위해서 항복해야 한다는 최명길의 말을 따른 것이었지요. 인조는 왕이 입는 곤룡포 대신 남색 옷을 입고 삼전도로 갔어요. 그리고 삼전도에서 청나라의 태종에게 세 번 절을 하고 아홉 번 머리를 조아렸어요. 이 일을 '삼전도의 굴욕'이라고 부르지요.

팽팽하게 다른 주장을 편 신하
최명길과 김상헌

왕과 시대를 함께한 사람들

남한산성에서 인조의 곁에는 신하 최명길과 김상헌이 있었어요.
최명길은 인조반정 때 공을 세운 신하로,
청나라의 요구를 들어주고 화친을 맺자고 했어요.
하지만 김상헌은 끝까지 버텨야 한다고 주장하며
최명길이 쓴 항복 문서를 찢어 버리기도 했어요.
인조는 고민 끝에 최명길의 말을 들었어요.
추위와 배고픔으로 남한산성에서는 더 이상 버틸 수가 없었거든요.
최명길과 김상헌은 청나라에 대한 생각은 달랐지만
나라를 위하는 마음은 같았어요.

청나라에 간 포로들

병자호란이 끝난 뒤 조선의 백성 수십만 명이 청나라로 끌려가 노예가 되었어요. 게다가 인조의 아들 소현 세자와 봉림 대군, 그리고 마지막까지 싸울 것을 주장한 삼학사도 청나라로 가게 되었지요. 윤집, 오달제, 홍익한의 삼학사는 청나라로 끌려가 목숨을 잃었어요. 남한산성에서 항복을 반대했던 김상헌도 청나라에 끌려갔다가 소현 세자와 함께 돌아왔어요.

17대 효종
북벌 정책을 펴다!

이름 이호 **연도** 1619~1659년 **재위 기간** 1649~1659년

소현 세자와 봉림 대군은 청나라에 끌려가 거의 8년 동안 살았어.
같이 잡혀 갔던 조선 백성들은 굶어 죽거나 노예가 되었지.
청나라에서 지내는 동안 봉림 대군은 복수를 다짐했어.
'청나라에서 겪은 굴욕을 꼭 되갚아 줄 거야!'
1645년 소현 세자가 먼저 조선에 돌아왔는데 갑자기 죽고 말아.
뒤를 이어 조선에 돌아온 봉림 대군은 세자로 책봉되어
인조가 죽고 서른한 살에 효종이 되었어.

입에 풀칠도 어려운데 무슨 전쟁!

효종은 청나라를 물리치자는 '북벌'을 주장하며
군사 수를 늘리고 군사를 훈련시키는 데 힘을 쏟았지.
그런데 군대를 기르려면 돈이 많이 필요해서
효종은 세금을 더 거두어들였어.
백성들의 불만은 높아졌고 신하들도 등을 돌렸지만
효종은 자신의 뜻을 굽히지 않았어.
그러던 1659년 효종이 갑작스럽게 세상을 떠나면서
효종은 자신이 꿈꾸었던 북벌을 이루지 못했지.

갑작스러운 소현 세자의 죽음

소현 세자는 인조의 첫째 아들이에요. 병자호란 때 청나라로 끌려가서 8년 동안 지낸 뒤 조선으로 돌아왔지만 두 달 만에 갑자기 죽고 말았어요. 소현 세자는 청나라에서 외교관 역할을 하면서 청나라에 좋은 감정을 가지고 있었어요. 하지만 삼전도의 굴욕을 겪은 인조는 달랐지요. 그래서 갑자기 죽은 소현 세자가 인조에 의해서 독살되었다고 주장하는 사람들도 있어요.

청나라에서 가져온 신문물

소현 세자는 청나라에 있을 때 서양에서 들어온 신문물을 보았어요. 그리고 아담 샬이라는 신부와 만나면서 서양 문명과 천주교를 접하게 되었지요. 소현 세자는 화포, 천리경(망원경), 여지구(지구의), 천주교 책, 과학 책을 조선으로 가져왔어요. 이러한 과학기구와 책은 조선 학자들에게 큰 영향을 주었어요.

북벌을 찬성한 학자
송시열

효종은 북벌 정책을 펴면서 송시열을 불러들였어요.
병자호란 이후 송시열은 시골에서 공부에 몰두하고 있었거든요.
효종은 신하였지만 송시열을 믿음과 존경으로 대했지요.
하지만 효종이 청나라와의 전쟁을 무리하게 준비하면서
송시열과 효종은 사이가 멀어지게 되었지요.
갑자기 효종이 죽은 뒤, 사림의 지지를 받던 송시열은
유배되었다가 관직에 나서기를 반복했어요.
그러다 숙종 때 정치적인 혼란에 휘말려
사약을 마시고 세상을 떠났어요.

나선 정벌

효종은 청나라를 물리치겠다고 하면서도 청나라가 러시아와 싸우며 군사를 요청했을 때 보내기도 했어요. 그때는 청나라의 눈치를 살펴야 했거든요. 청나라에 파견된 조선 군대는 엄청난 추위 속에서도 잘 싸워서 임무를 완수했지요. 조선 시대에는 러시아를 '나선'이라고 불러서, 이 일은 '나선 정벌'이라고 해요. 청나라를 치려고 준비했던 조선 군대가 청나라를 위해 싸운 셈이었어요.

18대 현종

예송 논쟁이 시작되다!

이름 이연 **연도** 1641~1674년 **재위 기간** 1659~1674년

효종이 죽고 아들이 왕이 되어 현종이 되었어.
그런데 현종이 왕위에 오르자마자 큰 다툼이 시작되었어.
효종의 장례식 때 자의 대비가 상복을 얼마 동안 입느냐는 문제였지.
신하들은 서로 편을 나누어서 자기가 맞다고 주장했어.
"더 이상 이 문제에 대해서 말하지 말라. 큰 벌을 내리겠다!"
현종이 단호하게 말했지만 상복을 입는 문제는 계속되었어.
결국 현종은 서인을 내쫓고 남인 편을 들었지.

신하들이 편을 나누어 다투는 동안 나라에는 큰 흉년이 들었어.
전국에 전염병이 돌았고, 4월에 눈이 내리고, 우박이 쏟아지기도 했어.
태풍이 불고 물난리도 나면서 목숨을 잃는 백성들이 많았어.

현종은 백성들에게 곡식을 나누어 주었고,
아픈 사람이 치료를 받을 수 있게 했지.
그러는 사이 점점 자연재해도 줄어들면서
농사도 잘 되어 굶는 사람도 줄어들었어.
봄에 곡식을 빌려주고 가을에 돌려받는 정책을 폈고,
나라는 조금씩 안정되고 있었어.
그러던 1674년 현종은 갑자기 세상을 떠나고 말았어.

상복을 입는 문제가 왜 중요할까요?

효종이 죽자 효종의 새어머니 자의 대비가 상복을 얼마 동안 입을 것인가 하는 문제가 논쟁의 시작이었어요. 상복을 입는 기간은 효종이 맏아들의 대접을 받을 만한가 하는 문제이기도 했지요. 신하들은 효종이 왕위에 올랐으니 맏아들 대우를 받아야 한다는 쪽과 그렇지 않다는 쪽으로 나뉘었어요. 그때마다 현종은 결정을 바꾸어서 붕당 정치가 심해졌지요.

편을 나눈 붕당 정치

붕당은 학문적으로나 정치적으로 같은 생각을 가진 사람들이 모인 것을 말해요. 성리학을 공부한 많은 선비들이 과거 시험을 통해 관직을 얻었어요. 하지만 서로 생각이 달라서 동인과 서인으로 나뉘었어요. 살고 있는 집의 위치에 따라 이렇게 불렸지요. 동인은 다시 남인과 북인으로 나뉘고, 서인은 노론과 소론으로 나뉘었어요. 붕당 정치는 서로를 견제하면서 정치를 이끌었지만 점차 붕당 사이에 대립이 심해져 문제가 되었어요.

대동법 실시에 앞장선 신하
김육

왕과 시대를 함께한 사람들

김육은 과거에 급제했지만 10년 동안 농사를 지으며 살았어요.
그러던 중 인조가 즉위한 뒤 관직 생활을 시작했어요.
김육은 여러 벼슬을 거치면서 대동법 실시를 건의하였고,
수차를 만들어서 보급하기도 했지요.
김육은 효종의 신임을 받아서 영의정 자리까지 올랐으며
효종은 김육의 손녀를 세자빈으로 삼았지요.
김육은 백성들이 화폐를 많이 사용하도록 알리는 한편,
대동법을 더욱 널리 시행하는 데 힘쓴 학자예요.
모두 백성을 위한 일이었답니다.

네덜란드 사람 하멜

하멜은 네덜란드의 선원으로 무역선을 타고 1653년 일본으로 가고 있었어요. 하지만 폭풍으로 배가 난파되어 제주도에 일행과 함께 도착했지요. 하멜은 조선에 머물다가 일본을 거쳐 1668년 네덜란드로 돌아갔어요. 그리고 〈하멜표류기〉를 썼는데, 서양에 한국을 최초로 소개한 책이랍니다.

19대 숙종
강한 왕권을 세우다!

이름 이순 **연도** 1661~1720년 **재위 기간** 1674~1720년

현종이 죽고 아들이 왕위에 올라 숙종이 되었는데,
숙종은 자신감이 넘치고 자기 생각이 확실한 사람이었어.
신하들이 다툴 때 자신의 의견을 당당하게 말하기도 했지.
그때 조선에서는 신하들의 붕당 싸움이 심했는데,
숙종은 한쪽만 편들지 않고 공평하게 일을 맡겼어.
그러자 왕의 힘은 커졌지만 신하들은 서로를 더욱 미워하게 되었지.

숙종은 백성의 생활을 안정시키는 데 힘을 쏟았어.
암행어사를 보내서 나쁜 짓을 하는 관리가 있는지 감시했고,
상평통보라는 엽전을 전국적으로 쓰게 했지.
백두산에 정계비를 세우고, 산성을 쌓아서 국방도 튼튼히 했단다.
일본에 통신사를 보내 울릉도가 조선 땅이라는 확인도 받았어.
숙종은 나중에 영조와 정조 시대가 번영할 수 있는
기초를 세웠다는 평가를 받는 왕이란다.

동그란 엽전 상평통보

조선 전기만 해도 사람들은 화폐를 잘 쓰지 않았어요. 물건을 서로 교환하거나 옷감이나 쌀로 물건을 샀거든요. 하지만 조선 후기에 상업이 발달하면서 화폐가 필요해졌어요. 숙종은 상평통보를 만들어 백성들이 이용할 수 있게 했어요. 나뭇가지처럼 생긴 틀로 만들기 때문에 나뭇잎 '엽' 자를 써서 엽전이라고 부르기도 해요. 상평통보는 고종 때까지 약 200년 동안 사용되었어요.

백두산정계비로 국경을 정하라!

백두산정계비는 백두산에 세운 비석으로 국경선을 표시한 것이에요. 백두산 꼭대기가 아니라 해발 2,200미터에 있어요. 그때는 조선과 청나라의 국경이 명확하지 않아 국경 지역에서는 잦은 다툼이 일어났지요. 그래서 국경을 표시한 비석을 세운 것이에요. 백두산정계비는 일제 강점기에 일본이 없애 버려서 지금은 남아 있지 않답니다.

독도를 지킨 어부
안용복

왕과 시대를 함께한 사람들

숙종 때 일본 어부들이 울릉도 근처에서 고기잡이를 했어요.
어부 안용복은 소식을 듣고 울릉도 근처로 가서
일본 어부들에게 호통을 쳤어요.
"이곳은 조선의 바다다! 당장 돌아가시오!"
안용복은 일본으로 가 울릉도가 조선 땅이라는 문서를 받아 왔지만
대마도 도주에게 문서를 빼앗기고 감옥에 갇히기도 했어요.
안용복은 끝까지 포기하지 않고 다시 일본으로 가서
울릉도와 독도가 조선 땅이라는 일본의 공식 문서를 받아 왔어요.
안용복의 노력 덕분에 울릉도와 독도를 지킬 수 있었답니다.

독도는 우리나라의 동쪽 가장 끝에 있는 섬이에요. 주소는 경상북도 울릉군 울릉읍 독도리이지요. 독도는 천연기념물 제336호로 지정되어 있어요. ⓒ 위키백과

20대 경종

이리저리 휘둘린 허약한 왕

이름 이윤 **연도** 1688~1724년 **재위 기간** 1720~1724년

어머니~

경종은 숙종과 희빈 장씨 사이에서 태어난 아들이야.
세자가 되고 열네 살 때 어머니가 사약을 받고 죽자,
몇몇 신하들은 경종과 어머니가 다른 동생 연잉군을 세자로 삼으려 했어.
경종은 이런 신하들 때문에 늘 불안해했지.
경종은 숙종이 죽고 왕이 되었지만 신하들 등쌀에
어쩔 수 없이 동생 연잉군을 후계자로 삼았어.
그리고 얼마 지나지 않아 연잉군에게 정치를 맡기고 뒤로 물러났지.

그러자 이번에는 다른 신하들이 반대를 하고 나서서
경종은 다시 정치를 맡아야 했어.
신하들은 서로서로 모함하고 거짓말을 했어.
경종은 한쪽 신하들의 편을 들며 반대파를 없애 버리고
자신이 제대로 나라를 이끌어야겠다고 결심했어.
하지만 신하들의 싸움으로 몸과 정신이 쇠약해져서
1724년 왕이 된 지 4년 만에 세상을 떠나고 말았어.

대리청정을 명하노라!

대리청정은 왕이 병이 들거나 나이가 들어 제대로 나랏일을 돌볼 수 없게 되었을 때에 세자나 세제가 왕 대신 정치에 나서는 것을 말해요. 연잉군을 지지하는 신하들은 경종에게 몸이 약하고 후계자가 없으니 연잉군에게 나랏일을 맡기라고 했어요. 경종은 어쩔 수 없이 연잉군에게 대리청청을 하도록 했지만 반대하는 신하들 때문에 취소하기를 반복했어요. 결국 자신이 정치에 나섰지만 신하들의 권력 다툼에 시달려야 했지요.

정세를 뒤바꾼 목호룡의 고발

경종 때 노론과 소론이 서로 정권을 잡으려고 다투고 있었어요. 그때 소론 편에 선 목호룡이 경종에게 노론들이 세 가지 방법으로 왕의 목숨을 빼앗으려고 했다고 말했어요. 세 가지 방법은 자객을 이용하는 법, 독약을 사용하는 법, 숙종의 교지를 위조하는 것이었어요. 이 사건으로 노론은 모두 죽임을 당하고, 소론 세력이 권력을 잡게 되었지요.

사약을 받은 경종의 어머니
장희빈

왕과 시대를 함께한 사람들

장희빈은 숙종의 궁녀였는데, 희빈 장씨라고도 불러요.
숙종은 첫 왕비 인경 왕후가 병으로 죽자
인현 왕후를 맞았는데 아들을 낳지 못했어요.
그때 숙종의 눈에 띈 궁녀 장씨가 아들을 낳자
숙종은 인현 왕후를 폐하고 장희빈을 왕비로 맞았어요.
하지만 서인 세력이 정권을 잡으면서 장희빈은 쫓겨나고
인현 왕후가 다시 왕비가 되었어요.
장희빈은 인현 왕후를 저주한 일로 사약을 받고 죽음을 맞았어요.
경종은 어머니의 죽음으로 큰 충격을 받았답니다.

희빈 장씨

숙종은 두 번째 왕비 인현 왕후를 맞이한 뒤 궁녀인 장씨에게 마음을 빼앗겼어요. 숙종의 어머니 명성 왕후는 장씨를 궁에서 내쫓았지만 인현 왕후의 부탁으로 장씨는 다시 궁으로 들어오게 되었지요. 장희빈은 자신의 세력을 키우는 한편 아들까지 낳아 인현 왕후까지 내쫓은 다음, 왕비가 되었답니다.

21대 영조

백성이 있어야 왕이 있다!

이름 이금 **연도** 1694~1776년 **재위 기간** 1724~1776년

영조는 숙종과 무수리였던 숙빈 최씨 사이에서 태어났지만,
많은 신하들이 영조의 편에 서서 왕이 될 수 있었어.
영조는 신하들이 편을 나누어 싸우는 것을 굉장히 싫어해서
실력만 보고 인재를 골고루 뽑았어.
그리고 임금이 올바로 서야 백성이 편안하게 살 수 있다고 여기고,
스스로 검소한 생활을 하며 모범을 보였어.
또한 백성들의 세금 부담도 덜어 주었지.

영조는 억울한 백성들이 없도록 신문고 제도를 다시 실시했어.
잔인한 형벌 제도도 없애고, 공정하게 재판받을 수 있게 했지.
영조는 한양을 가로지르는 청계천을 정비하는 일에도 관심을 기울였어.
그때만 해도 청계천은 쓰레기와 오물로 냄새가 심하고 지저분했거든.
청계천 공사는 20여 년이 걸렸고 공사 비용도 많이 들었지만,
백성들은 일거리가 생겼고, 청계천도 점차 깨끗하게 바뀌어 갔어.
영조는 항상 백성이 있어야 왕이 있다고 생각하며,
백성들이 잘살 수 있도록 나랏일을 살핀 왕이야.

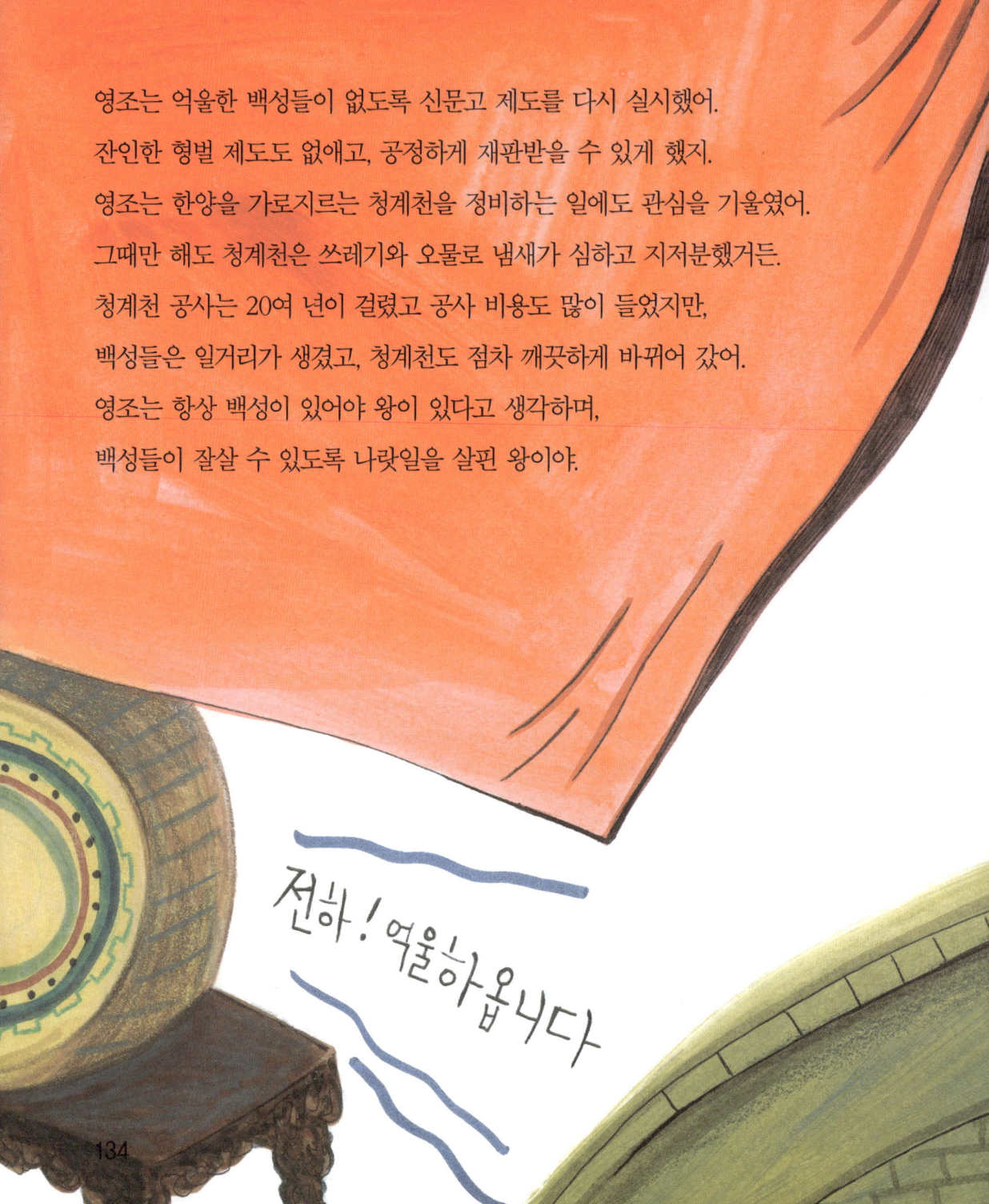

전하! 억울하옵니다

영조의 장수 비결은 뭘까요?

영조는 검소한 생활을 했어요. 잡곡밥을 먹었으며 반찬도 수를 줄이게 했지요. 음식도 고기보다는 채소를 주로 먹었어요. 무명옷을 입었으며 궁궐 행사도 호화롭게 하지 못하게 하고 술도 만들지 못하게 했지요. 게다가 운동을 좋아해서 말타기와 국궁 등을 즐겼다고 해요. 그런 생활 덕분인지 영조는 83세까지 살아서 조선 시대 왕들 중에서 가장 오래 살았고, 50년이 넘는 긴 기간 동안 왕위에 있었어요.

청계천을 정비하라!

청계천은 서울 한가운데를 흐르는 개천이에요. 그런데 사람들이 버린 오물로 청계천은 냄새가 심했고, 전염병이 생길 정도로 더러웠지요. 게다가 비가 오면 넘쳐서 홍수가 났어요. 영조는 청계천을 둘러보고 공사를 지시했어요. 바닥을 파내고 주변을 정리하도록 했지요. 게다가 공사에 참여한 백성들에게는 일한 대가를 주어 생활에 도움이 되도록 했답니다.

뒤주에서 죽은 세자
사도 세자

사도 세자는 영조가 늦은 나이에 얻은 아들이에요.
효장 세자가 열 살에 죽자 사도 세자는 두 살 때 세자가 되었지요.
사도 세자는 똑똑하고 무예 실력도 뛰어났어요.
영조는 1749년 열다섯 살인 사도 세자에게 대리청정을 맡겼어요.
하지만 사도 세자는 노론의 미움을 받았으며,
궁녀를 죽이거나 궁궐을 빠져 나가는 등 이상한 행동도 보였어요.
영조는 사도 세자에게 스스로 목숨을 끊으라고 했지만 따르지 않자
뒤주에 가두었는데, 사도 세자는 9일 만에 죽음을 맞았지요.
영조가 죽은 뒤 사도 세자의 아들이 왕위에 올랐어요.

혜경궁 홍씨

혜경궁 홍씨는 사도 세자의 부인이며 정조의 어머니예요. 또한 뛰어난 작가이기도 하지요. 혜경궁 홍씨가 쓴 〈한중록〉은 자신의 이야기를 담은 회고록이에요. 궁궐 이야기가 담겨 있어서 역사적으로도 가치가 있는 궁중 문학으로 꼽히지요. 혜경궁 홍씨는 사도 세자가 죽은 뒤 영조의 말을 잘 따라 아들 정조가 왕위에 오르도록 도왔어요.

22대 정조

서민 문화가 꽃피다!

이름 이산 **연도** 1752~1800년 **재위 기간** 1776~1800년

정조는 사도 세자와 혜경궁 홍씨 사이에서 태어났어.
책을 좋아하는 영특한 손자를 영조는 눈여겨보았지.
사도 세자가 죽은 뒤 정조는 큰아버지 효장 세자의 양자가 되었고,
결국 영조의 뒤를 이어 왕위에 올랐어.
스물다섯 살의 젊은 왕이었던 정조는 여러 정책을 펴기 위해
규장각을 만들어 똑똑한 신하들을 뽑아 연구를 하게 했어.
그리고 자주 궁 밖으로 나가서 직접 백성의 모습을 살폈지.

정조가 나라를 다스릴 때는 조선의 문화도 꽃피었어.
판소리나 한글 소설, 그림 등 서민들도 문화를 즐길 수 있게 되었지.
정조는 아버지 사도 세자의 묘를 옮기면서 수원에 화성을 짓도록 했는데,
화성은 백성들이 편하게 살 수 있고, 군사 시설도 갖춘 계획 도시였어.

정조는 어머니와 수원 화성에서 살고 싶었지만,
1800년 갑자기 세상을 떠나면서 꿈을 이루지 못했지.
정조가 죽었을 때 세자였던 순조는 열한 살이었어.
어린 순조가 왕이 되면서 정조의 개혁 정책은 이어지지 못했지.

정조가 꿈꾼 도시 수원 화성

정조는 아버지 사도 세자의 묘를 수원으로 옮기면서 화성을 지으라고 했어요. 세자에게 자리를 물려준 다음 어머니 혜경궁 홍씨와 함께 살기 위해서였지요. 수원 화성은 적의 침입을 막으면서도 안에서 백성들이 편안하게 살 수 있도록 설계되었어요. 게다가 정약용이 발명한 거중기를 이용해 공사 기간도 줄일 수 있었지요. 수원 화성은 1997년 유네스코 세계 문화 유산으로 지정되었어요.

영조와 정조의 탕평책

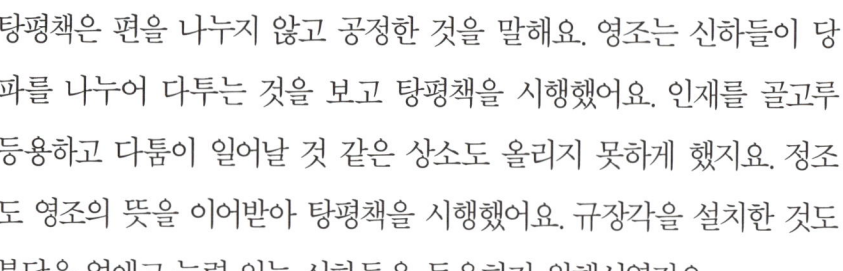

탕평책은 편을 나누지 않고 공정한 것을 말해요. 영조는 신하들이 당파를 나누어 다투는 것을 보고 탕평책을 시행했어요. 인재를 골고루 등용하고 다툼이 일어날 것 같은 상소도 올리지 못하게 했지요. 정조도 영조의 뜻을 이어받아 탕평책을 시행했어요. 규장각을 설치한 것도 붕당을 없애고 능력 있는 신하들을 등용하기 위해서였지요.

나라와 백성을 살핀 학자
정약용

정조는 과거 시험을 통해 능력 있는 관리들을 뽑았어요.
정약용은 스물두 살 때 과거 시험을 보았고 성균관에서 공부한 뒤
규장각에서 일하며 정조를 도왔어요.
정약용은 정조의 신임을 받으며 수원 화성을 세우는 일을 맡았어요.
수원 화성은 다 짓는 데 10년이 걸릴 거라고 예상했는데
3년이 지나지 않아 완성되었지요.
정약용은 정조의 명을 받아 암행어사로 나가기도 했어요.
정조가 죽은 뒤 정약용은 유배 생활을 했지만
관리들의 자세에 대한 훌륭한 책을 많이 남겼어요.

서민 문화의 발달

영조 때부터 정조 때에는 사회가 발달하면서 문화가 발전했어요. 실용적인 학문을 주장하는 실학도 발달했지요. 판소리, 한글 소설 등이 많이 나왔으며 뛰어난 화가들도 많이 나왔어요. 정선의 진경산수화가 유행했으며 신윤복, 김홍도 등 풍속화가들도 이 시기에 많이 활동했어요.

23대 순조

세도 정치가 시작되다!

이름 이공 **연도** 1790~1834년 **재위 기간** 1800~1834년

순조가 왕이 되자 증조할머니 정순 왕후가 대신 나랏일을 살폈어.
정순 왕후는 천주교를 믿는 사람들을 탄압했어.
우리나라 최초로 세례를 받은 이승훈과 정약용의 가족을 포함해,
수백 명이 목숨을 잃거나 귀양을 떠나야 했지.
순조는 1804년부터 직접 정치에 나섰어.
먼저 증조할머니를 따르던 신하들을 몰아냈는데,
그러자 순조를 도운 안동 김씨가 권력을 쥐고 벼슬을 독차지했어.

안동 김씨 가문은 온갖 중요한 벼슬을 차지하고 횡포를 부렸고,
가뭄으로 흉년이 들자 백성들은 굶주림으로 고통받았어.
그때 평안도 지역에서 홍경래가 난을 일으켰어.
"못살겠다, 일어서자! 달려가자, 한양으로!"
홍경래를 따르는 군대는 기세등등했지만 결국 관군에게 지고 말았단다.
순조는 아들 효명 세자에게 정치를 맡기고 한 걸음 물러났는데,
효명 세자가 개혁 정치를 펴 나가다 갑자기 죽고 말았어.
순조는 다시 정치에 나섰지만 힘없는 허수아비 왕이었단다.

갑자기 죽은 비운의 효명 세자

효명 세자는 순조의 아들이자 헌종의 아버지예요. 순조가 대리청정을 맡겼을 때 효명 세자는 단호한 모습으로 구체적인 정책들을 폈어요. 과거 시험으로 인재를 뽑고 백성을 괴롭히는 관리는 엄하게 다스렸어요. 문학과 예술에도 관심이 많아 여러 책을 펴냈지요. 하지만 대리청정 4년 만인 스물두 살 때 갑자기 죽고 말았어요.

왕의 친척이 권력을 잡은 세도 정치

왕의 친척이나 신하가 권력을 쥐고 흔드는 것을 세도 정치라고 해요. 정조 이후에 세도 정치가 시작되는데 안동 김씨, 풍양 조씨 등 주로 왕의 외가 쪽 사람들이 권력을 쥐었어요. 순조는 안동 김씨 김조순의 딸과 결혼했어요. 수렴청정이 끝나고 순조가 직접 정치에 나서면서 김조순의 도움을 받았어요. 그러면서 안동 김씨가 중요한 자리를 차지했어요. 안동 김씨 세력은 온갖 부정부패를 저질렀어요. 게다가 흉년에 전염병까지 돌아서 전국에서 농민들이 봉기를 일으키기도 했지요.

농민을 이끈 지도자
홍경래

왕과 시대를 함께한 사람들

홍경래는 글을 배우고 과거를 준비했지만 뜻대로 되지 않자
전국을 돌아다니며 사람을 사귀었어요.
그때 나라에서는 세도 정치가 시작되면서
양반들의 수탈과 흉년으로 백성들의 불만이 높아졌어요.
농민들은 더 이상 참지 못하고 난을 일으켰어요.
홍경래와 뜻을 같이하는 농민군의 규모는 더욱 커졌고,
전국적으로 농민 봉기가 일어났지요.
하지만 홍경래의 군대는 관군에 밀려 정주성으로 들어가
4개월 동안 버텼지만 진압되었고 홍경래도 목숨을 잃었어요.

천주교 박해

조선 후기에 천주교를 믿는 사람들이 점점 늘어났어요. 그러자 나라에서는 천주교를 믿지 못하게 하고 신부나 천주교회를 세운 사람들을 잡아가 목숨을 빼앗았어요. 이런 일을 '박해'라고 해요. 순조가 왕이 되고 일어난 신유박해 때는 이승훈을 비롯한 천주교도 100여 명이 목숨을 잃고 400여 명이 유배되었어요.

24대 헌종

외척 세력에 휘둘린 왕

이름 이환　**연도** 1827~1849년　**재위 기간** 1834~1849년

순조가 죽고 여덟 살이었던 효명 세자의 아들이 왕이 되자,
헌종 대신 할머니 순원 왕후가 나랏일을 보았어.
헌종 때는 안동 김씨뿐 아니라 풍양 조씨 세력도 나라를 쥐고 흔들었어.
게다가 흉년과 홍수, 전염병으로 백성의 생활은 더욱 어려워지고,
나쁜 관리들의 횡포도 끊이지 않았어.
백성들은 새로운 세상을 꿈꾸며 천주교에 의지했어.
나라에서는 천주교가 나라를 어지럽히는 나쁜 종교라며 못 믿게 했어.

하지만 천주교를 믿는 사람들이 더욱더 늘어나자
프랑스 신부 등 100여 명의 목숨을 빼앗았어.
우리나라 최초의 신부인 김대건도 1846년 목숨을 잃고 말아.
헌종은 열다섯 살 때 직접 정치를 맡으면서
왕의 군대를 늘리고 권력을 쥔 신하들을 멀리하려고 했지만
순조와 마찬가지로 아무런 힘이 없는 허수아비 왕이었어.

순원 왕후와 안동 김씨

순원 왕후는 순조의 왕비로 안동 김씨 김조순의 딸이었어요. 헌종이 어린 나이에 왕이 되자 순원 왕후가 정치에 나서게 되었지요. 게다가 헌종이 안동 김씨 김조근의 딸을 왕비로 맞이하면서 안동 김씨 세력은 더욱 힘이 커졌고, 온갖 나쁜 일을 저질렀어요. 순원 왕후는 철종 때도 대신 정치를 하였는데, 그로 인해 안동 김씨의 세도 정치는 더욱 심해졌고, 백성들도 고통받았답니다.

동학을 만든 지도자 최제우

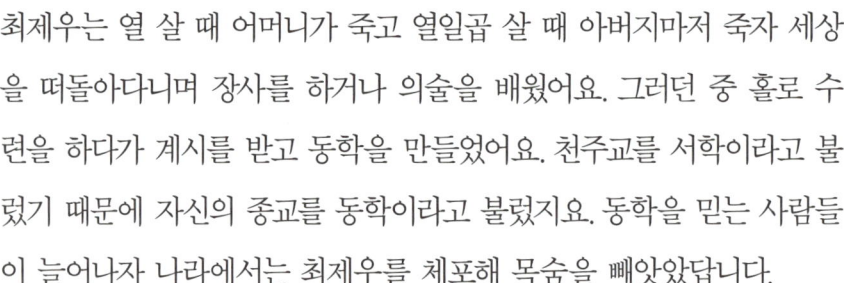

최제우는 열 살 때 어머니가 죽고 열일곱 살 때 아버지마저 죽자 세상을 떠돌아다니며 장사를 하거나 의술을 배웠어요. 그러던 중 홀로 수련을 하다가 계시를 받고 동학을 만들었어요. 천주교를 서학이라고 불렀기 때문에 자신의 종교를 동학이라고 불렀지요. 동학을 믿는 사람들이 늘어나자 나라에서는 최제우를 체포해 목숨을 빼앗았답니다.

우리나라 최초의 신부
김대건

왕과 시대를 함께한 사람들

김대건은 1836년 프랑스 신부에게 세례를 받았어요.
마카오에서 공부를 하고 우리나라 최초의 신부가 되었지요.
김대건 신부는 조선에 돌아와 천주교를 알렸어요.
하지만 천주교가 나라를 어지럽히는 종교라며
나라에서 천주교를 믿지 못하게 했기 때문에
드러내 놓고 활동할 수 없었지요.
김대건 신부는 결국 붙잡혀 고문을 받았어요.
끝까지 천주교에 대한 믿음을 굽히지 않아
1846년 스물여섯 살의 나이에 세상을 떠났어요.

김대건 신부의 죽음

조선 시대에 천주교를 믿는 사람들이 늘어나자 나라에서는 천주교를 믿는 사람들을 잡아 가두거나 목숨을 빼앗았어요. 우리나라 최초의 신부 김대건도 효수형을 당했어요. 효수형은 죄인의 목을 베어 장대에 매달아 놓는 형벌이에요. 다른 사람들에게 본보기를 보여 주기 위해서 끔찍한 모습으로 매단 것이지요.

25대 철종

하루아침에 평민에서 왕이 되다!

이름 이원범 **연도** 1831~1863년 **재위 기간** 1849~1863년

헌종의 할머니 순원 왕후는 헌종의 뒤를 이를 왕으로 철종을 골랐어.
철종은 정조와 어머니가 다른 동생 은언군의 손자였어.
강화도에서 유배 생활을 하며 농사를 지으며 살고 있었는데
열아홉 살 때 영문도 모르고 왕이 된 거야.
순원 왕후는 일부러 허수아비 왕을 세우고 권력을 독차지했어.
그러면서 순원 왕후와 안동 김씨 세력은 더욱더 기세를 떨쳤지.
돈을 받고 관직을 사고팔고, 세금도 많이 거두어들였어.

백성들을 더 이상 참을 수가 없어서 들고일어났어.
전국 곳곳에서 관리들의 횡포에 화난 백성들이 관아를 습격했어.
전국 70여 곳에서 봉기가 일어나자 나라에서는
부랴부랴 삼정이정청을 만들어 세금 제도를 바꾸고
나쁜 관리들을 벌주겠다고 약속했지.
하지만 결국 약속은 지키지 않았고 삼정이정청도 없애 버렸어.
철종은 농사를 지으면서 농민들의 힘든 사정을 잘 알고 있었지만,
힘이 없어서 술에 의지하며 건강을 잃고 세상을 떠났단다.

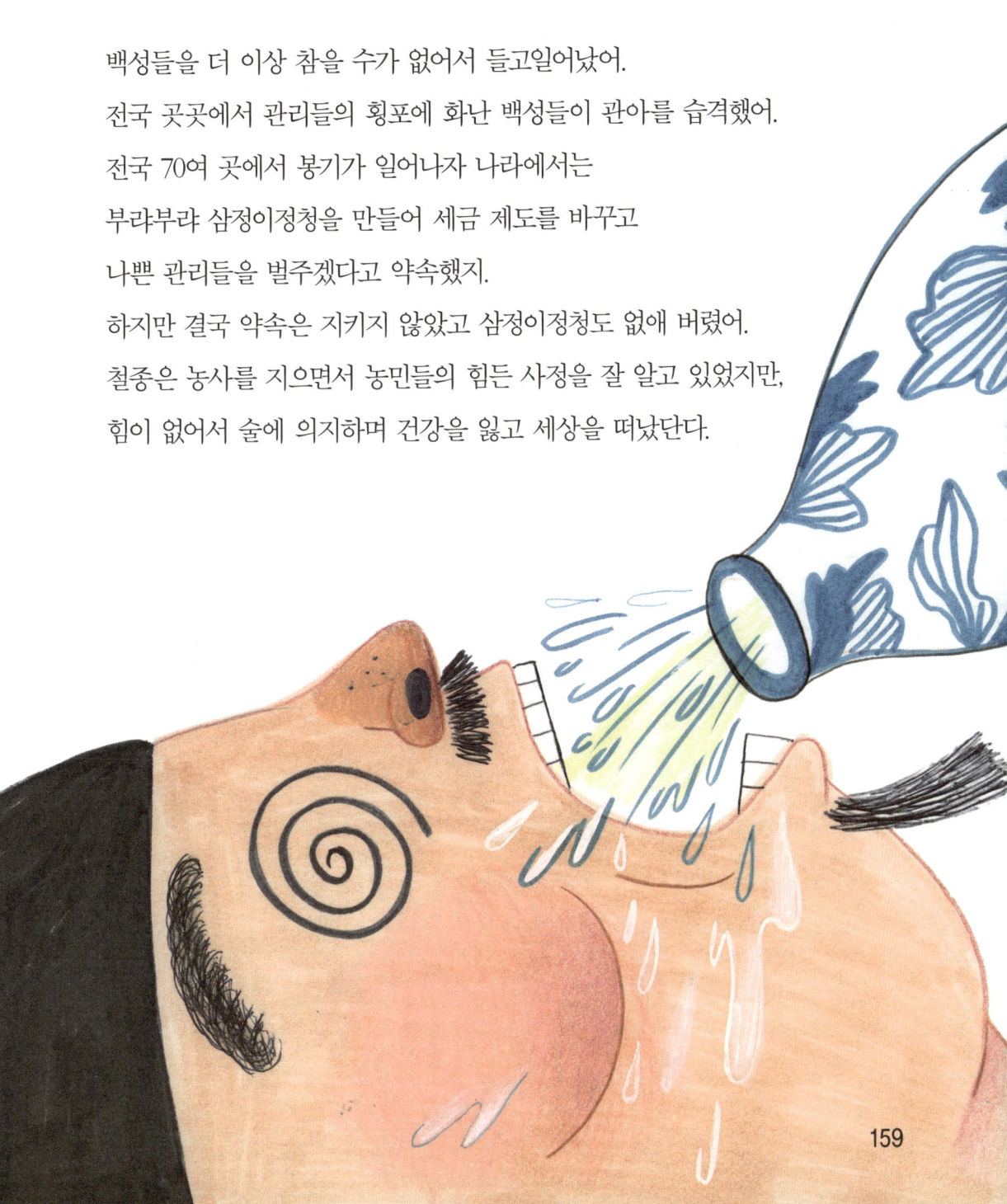

삼정의 문란이란 뭘까요?

삼정은 전정, 군정, 환곡을 가리키는데 쉽게 말하면 세 가지 세금을 걷는 일을 가리켜요. 철종 대에 이르러 세도 정치는 더욱 심해져 돈을 주고 관직을 산 수령들은 온갖 나쁜 일을 저질렀어요. 세금을 더욱 많이 걷거나 쌀을 빌려 줄 때 모래를 섞기도 하고 군대를 가는 대신 내는 군포를 죽은 아이에게도 내게 했지요. 이런 일을 '삼정의 문란'이라고 불러요. 이 일로 백성들의 불만은 더욱 커졌어요.

전국에서 일어난 농민 봉기

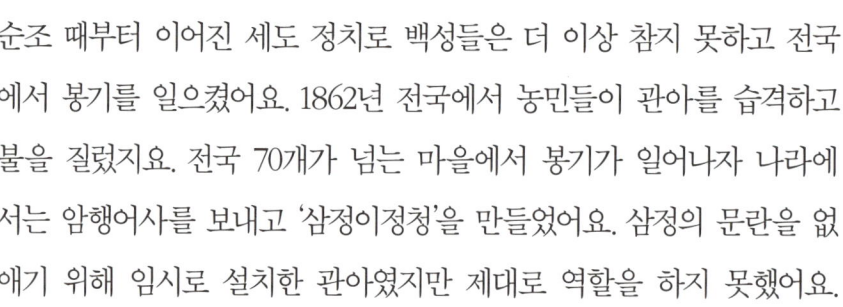

순조 때부터 이어진 세도 정치로 백성들은 더 이상 참지 못하고 전국에서 봉기를 일으켰어요. 1862년 전국에서 농민들이 관아를 습격하고 불을 질렀지요. 전국 70개가 넘는 마을에서 봉기가 일어나자 나라에서는 암행어사를 보내고 '삼정이정청'을 만들었어요. 삼정의 문란을 없애기 위해 임시로 설치한 관아였지만 제대로 역할을 하지 못했어요. 삼정이정청은 농민 봉기가 수그러들자 몇 달 만에 없어졌어요.

대동여지도를 완성한 지리학자
김정호

김정호는 조선 시대의 지리학자예요.
전국을 다니면서 기록해서 지도를 만들었지요.
김정호는 청구도, 동여도를 만들고,
1864년 전국지도 대동여지도를 완성했어요.
김정호는 지도를 만들 때 최한기의 도움을 많이 받았어요.
최한기는 천문학에 관심이 많은 조선의 학자였지요.
대동여지도는 철종 때 완성되었는데
22개로 만들어진 큰 지도를 접으면 책 한 권 크기였고,
산맥, 산, 하천, 포구 등이 표시된 아주 정밀한 지도였어요.

혼일강리역대국도지도

혼일강리역대국도지도는 조선 태종 때인 1402년 김사형 등이 만든 동양에서 가장 오래된 세계 지도예요. 지도 한가운데 중국이 있고 오른쪽에 우리나라가 있어요. 일본과 아프리카, 유럽까지 그려진 지도를 보면 조선 사람들이 당시에 세계에 대해서 알고 있었다는 걸 보여 주지요.

26대 고종

기울어 가는 나라의 힘없는 왕

이름 이형 **연도** 1852~1919년 **재위 기간** 1863~1907년

철종이 아들이 없이 죽자 흥선 대원군은 자신의 아들을 왕위에 앉혔어.
고종이 왕이 되었지만 실제 권력은 흥선 대원군이 쥐고 있었지.
흥선 대원군은 안동 김씨를 몰아내고 인재를 뽑았지만,
경복궁을 다시 짓는 공사를 하면서 백성의 불만이 늘어 갔어.
게다가 나라 문을 잠그는 쇄국 정책을 폈는데,
고종이 정치에 나서면서 더 이상 나라 문을 닫아 둘 수는 없었어.
고종은 일본, 미국, 청나라, 러시아와 조약을 맺고 개화 정책을 폈어.

외국에서 싼값의 물건이 들어오자 백성들은 먹고살기가 힘들었어. 백성들에게 동학이 퍼져 나가고 동학 농민 운동이 일어나자 정부는 일본군의 도움을 받았는데, 청일 전쟁에서 승리한 일본은 우리나라 일에도 간섭하기 시작했어.

고종은 '대한 제국'을 선포하고 황제가 되었지만,
1905년 일본에 강제로 외교권을 빼앗기고 말아.
고종은 특사를 보내 나라의 사정을 세계에 알리려고 했지만,
오히려 그 일로 일본의 미움을 사 자리에서 물러나게 되었지.

끔찍한 명성 황후의 죽음

우리나라를 두고 러시아와 세력을 다투던 일제는 고종의 왕비인 명성 황후의 목숨을 빼앗았어요. 명성 황후가 러시아와 친하게 지내려고 했기 때문이었지요. 일본 자객들은 궁궐로 쳐들어가서 명성 황후를 죽이고 시신을 불태웠지요. 고종은 두려움을 느끼고 러시아 공사관으로 옮겨갔는데 이 일을 '아관파천'이라고 해요. 고종은 1897년 경운궁(덕수궁)으로 돌아왔고 10월에 대한 제국을 선포했어요.

나라를 판 을사오적

일제는 '조선은 외교권을 일본에 넘긴다.'는 조약을 맺도록 강요했어요. 고종은 거부했지만 다섯 명의 대신이 찬성했어요. 박제순, 이완용, 이근택, 이지용, 권중현이었어요. 이때 맺은 조약을 을사조약 또는 을사늑약이라고 해요. 조약에 찬성한 사람들을 나라를 팔아먹은 다섯 도둑이라는 뜻으로 '을사오적'이라고 부르지요. 을사조약이 체결되자 장지연은 나라 잃은 슬픔을 글로 썼고, 민영환은 스스로 목숨을 끊었어요.

동학 농민군을 이끈 녹두 장군
전봉준

전라도 고부에서는 군수의 수탈이 너무 심해
백성들은 전봉준을 앞세우고 들고일어났어요.
동학을 믿고 있던 전봉준은
동학 지도자들에게 연락해 농민군을 모았어요.
전봉준이 이끄는 동학 농민군은 점점 늘어났고,
사람들은 전봉준을 '녹두 장군'이라고 부르며 따랐답니다.
일본이 나라를 빼앗으려고 하자 동학 농민군은
한양으로 가는 길목인 공주 우금치에서 큰 전투를 벌였어요.
하지만 전투에서 지고, 전봉준은 붙잡혀 목숨을 잃었어요.

갑오개혁

동학 농민군이 전주성을 점령해 큰 전쟁이 벌어질 것 같자, 나라에서는 동학 농민군과 화해를 했어요. 동학 농민군의 요구를 들어주고 개혁을 하기로 했지요. 공식 문서에 한글을 쓰고, 신분제를 없앤다는 등을 약속했어요. 이 일을 '갑오개혁'이라고 해요. 갑오개혁은 최초의 근대적 개혁이었어요.

27대 순종

일본에 나라를 빼앗기다!

이름 이척 **연도** 1874~1926년 **재위 기간** 1907~1910년

고종과 명성 황후의 아들 순종이 일본에 의해 왕이 되었어.
순종이 왕위에 오른 순간부터 일본은 우리나라를 빼앗을
계략을 꾸며 착착 진행하기 시작했어.
군대를 해산하고, 사법에 관한 권한을 일본이 가져갔지.
황태자 이은은 일본으로 유학을 가야 했단다.
게다가 동양 척식 주식회사를 세워 우리나라의 땅과 자원을
일본이 맘대로 빼앗을 수 있게 되었지.

1910년 한일 병합 조약으로 나라의 주권까지 빼앗아 갔어.
우리나라에는 조선 총독부가 설치되었고,
일제 강점기가 시작되면서 518년 동안 이어진 조선 왕조가
역사 속으로 사라지게 된 거야.
순종은 창덕궁에서 지내다가 1926년 세상을 떠났어.

하지만 일제 강점기에 백성들은 슬퍼하고만 있지 않았어.
나라를 되찾기 위해 교육을 통해 힘을 키웠고,
나라 안팎에서 목숨을 던지며 독립운동을 전개했지.
수많은 독립운동가와 국민들의 굳은 의지로
광복을 이룰 때까지 독립운동은 이어졌단다.

나라를 빼앗긴 한일 병합 조약

일제는 고종을 자리에서 물러나게 하고 순종을 세우고는 3년여 동안 조선을 빼앗기 위한 계획을 진행했어요. 그리고 1910년 일제는 강제로 조약을 맺어 우리나라의 국권을 빼앗았어요. 우리나라에는 조선 총독부가 설치되었고 우리나라는 일제의 지배를 받게 되었지요. 이 조약을 '한일 병합 조약'이라고 해요. 일제 강점기는 1945년 광복을 맞이할 때까지 36년이나 이어졌어요.

사라진 조선 총독부

일제는 우리나라를 통치하기 위해 1910년 경복궁 안에 조선 총독부를 세웠어요. 조선 총독부에서 가장 높은 조선 총독은 일제 강점기 최고 권력을 지녔던 사람이라고 할 수 있어요. 조선 총독부 건물은 광복을 맞이하고 정부 청사, 박물관으로 이용되었어요. 그러다 6·25 전쟁 때 일부분이 파괴되었고, 1995년 철거되었어요.

민족의 영웅
안중근

왕과 시대를 함께한 사람들

안중근은 어린 시절부터 학문과 무예가 뛰어났어요.
일본이 우리나라를 빼앗으려고 할 때
학교를 세우고 인재를 키우려고도 했지요.
그러다 중국으로 가서 의병을 이끌며 독립운동에 나섰어요.
그때 조선의 초대 통감 이토 히로부미가 하얼빈에 온다는 소식을 듣고,
안중근은 총을 숨기고 역으로 가서 기다렸어요.
이토 히로부미를 쏜 뒤 붙잡혀 감옥에 갇혔지만
안중근은 마지막 순간까지 당당한 모습을 보였어요.
영웅 안중근은 중국과 일본 사람들에게도 존경받았어요.

마지막 황태자 이은

대한 제국의 마지막 황태자 영친왕은 고종의 일곱째 아들로 이름은 이은이에요. 1907년 황태자가 되어 12월 일본으로 유학을 떠나게 되었어요. 사실은 강제로 끌려간 것이나 마찬가지였지요. 이은은 순종이 죽은 뒤 잠시 한국으로 돌아왔지만 다시 일본에서 지냈어요. 그리고 1963년에야 한국으로 돌아왔답니다.

조선 왕 퀴즈!

- 가장 짧은 기간 동안 나라를 다스린 왕은 누구일까요?

- 임진왜란 때 피란을 간 왕은 누구일까요?

- '○○군'으로 불리는 두 명의 왕은 누구일까요?

- 가장 오랫동안 나라를 다스린 왕은 누구일까요?

- 조카의 자리를 빼앗은 왕은 누구일까요?

- 측우기를 고안하고 화차를 만든 왕은 누구일까요?

- 2차 왕자의 난으로 왕위에 오른 왕은 누구일까요?

- 조선을 세운 왕은 누구일까요?

- 대한 제국을 선포한 왕은 누구일까요?

- 한글과 많은 발명품을 만든 왕은 누구일까요?

- 평민으로 살다가 갑자기 왕위에 오른 왕은 누구일까요?

- 북벌 정책을 펴다가 갑자기 죽은 왕은 누구일까요?

- 수원 화성을 만들게 한 왕은 누구일까요?

정답은 책을 보면 알 수 있어요.